ROBERT 1967

R(

R

ÉTUDE

SUR LA

JURIDICTION ADMINISTRATIVE

A L'OCCASION DE LA LOI DU 21 JUIN 1865.

PAR

M. GUSTAVE BAZILLE,

AVOCAT.

FIGEAC
IMPRIMERIE TYPOGRAPHIE
de Vᵉ LACROIX et MOLES
Place Champollion.

PARIS
COSSE, MARCHAL & Cⁱᵉ
LIBRAIRES-ÉDITEURS
Place Dauphine 27.

1867.

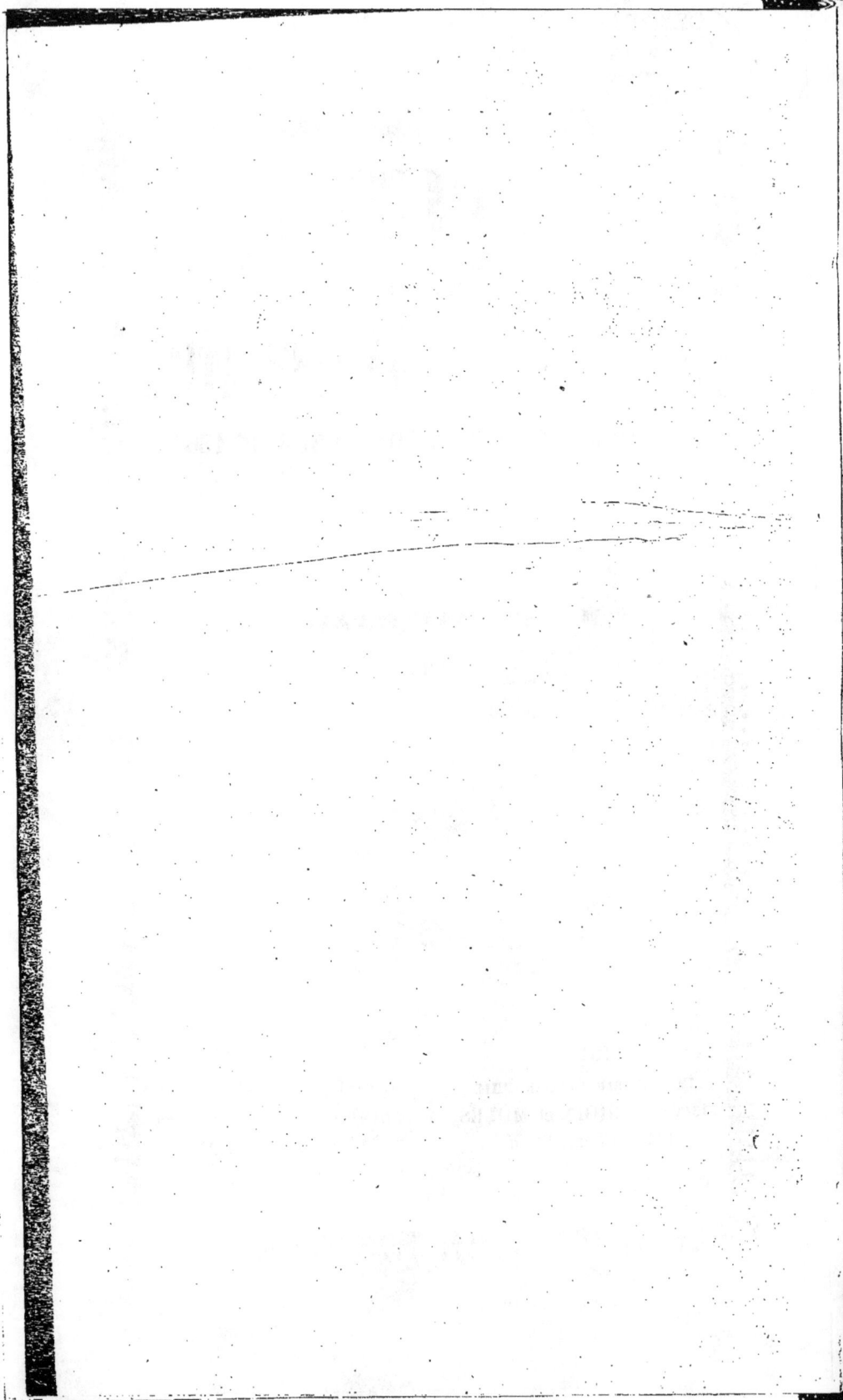

ÉTUDE

SUR LA

JURIDICTION ADMINISTRATIVE

A L'OCCASION DE LA LOI DU 21 JUIN 1865.

~~~>·◦◦◦◦~~~

PAR

M. GUSTAVE BAZILLE,

AVOCAT.

3872

FIGEAC	PARIS
IMPRIMERIE TYPOGRAPHIE	COSSE, MARCHAL & Cⁱᵉ
de Vᵉ LACROIX et MOLES	LIBRAIRES-ÉDITEURS
Place Champollion.	Place Dauphine 27.

~~~mmm~~~

1867.

ÉTUDE

SUR LA

JURISPRUDENCE ADMINISTRATIVE

À L'OCCASION DE LA LOI DU 31 JUIN 1865.

...

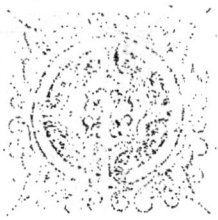

DÉDICACE.

A Monsieur **Chauveau Adolphe,**
Ancien Avocat
au Conseil d'Etat et à la Cour de Cassation,
Professeur de droit administratif,
Doyen de la Faculté de droit de Toulouse.

Monsieur le Doyen,

Je dois à vos savantes leçons et à vos bienveillants conseils le peu que je sais touchant la science du droit administratif.

Veuillez me permettre, en conséquence, de vous offrir la dédicace de cette ÉTUDE.

Si peu digne de votre éminent patronage qu'elle soit, j'ose espérer que vous daignerez l'accueillir comme le premier essai d'un ancien élève qui vous prie d'agréer l'hommage de ses sentiments de vive gratitude et de sincère dévouement.

Recevez,

Monsieur le Doyen,
l'expression du profond respect avec lequel j'ai l'honneur d'être votre très-humble et très-obéissant serviteur et ancien élève,

GUSTAVE BAZILLE.

Figeac, le 10 Janvier 1867.

FIGEAC : Imp. de veuve LACROIX et L. MOLES

PRÉFACE.

Cette *Étude* n'était pas tout d'abord destinée à paraître en brochure. Il n'a fallu rien moins que le précieux encouragement d'un Jurisconsulte éminent, à qui nous nous estimons heureux de rendre ici le public témoignage de notre profonde reconnaissance, pour nous décider à la livrer à l'impression.

Ce n'est pas seulement à ceux qui ont fréquenté les Facultés que nous nous adressons; c'est principalement à la partie la plus nombreuse de la société.

Dans le plan tracé comme dans le but proposé, nous avons eu à cœur de faire apprécier la *composition* et *l'organisation* des Conseils de préfecture. Que de personnes, appelées journellement à comparaître devant ces tribunaux administratifs du premier degré, ne les connaissent qu'imparfaitement! Elles ont rarement, en effet, le loisir de fouiller dans les grandes et savantes œuvres de MM. Chauveau, Cabantous, de Cormenin, Macarel, Foucard, Dufour, Batbie et autres, ainsi que dans les ouvrages spéciaux de MM. Brun, Orillard et Dubois de Niermont.

C'est donc le *Commentaire* de la la loi du 24 Juin 1865 que nous soumettons à nos lecteurs, en prenant soin d'indiquer, en outre, les principaux cas dans lesquels s'exercent les attributions *consultatives* et *délibératives* dévolues à ces Conseils.

Nous donnons enfin un aperçu historique de l'organisation administrative en général, et nous passons ensuite en revue certaines questions essentielles encore controversées, en invoquant, à l'appui de notre opinion, celle des auteurs les plus autorisés.

Le dernier chapitre renferme, sous forme d'*Appendice*, quatre textes officiels fondamentaux concernant la matière.

Contribuer à vulgariser, autant qu'il dépend de nos faibles moyens, la science administrative: tel a été, dans ce travail, notre seul mobile; telle est aussi notre seule ambition.

ÉTUDE

SUR LA JURIDICTION ADMINISTRATIVE,

A L'OCCASION DE LA LOI DU 21 JUIN 1865.

CHAPITRE 1er.

DE

l'Organisation administrative en général

SOMMAIRE.

1. — L'organisation administrative était inconnue chez les Anciens; à Rome cependant il semble y avoir eu une institution qui présente avec elle quelque analogie.

Après avoir décoré Octave du titre d'*Imperator,* le sénat crut devoir partager entre ce Prince et le Peuple romain les provinces de l'Empire. Il y eut donc, à dater de ce jour, les provinces de l'Empereur *(provinciæ Cæsaris)* et les provinces du peuple *(provinciæ populi).* L'impôt prélevé dans les premières vint augmenter la fortune particulière du souverain, et l'impôt fourni par les secondes fut versé dans les caisses du Trésor public *(œrarium)*.

Des procureurs *(procuratores rei privatæ Cæsaris)* furent institués dans les provinces impériales pour veiller spécialement aux intérêts du Prince et administrer son domaine privé. Ces procureurs qui n'étaient, dans le principe, que de simples agents, devinrent peu-à-peu de véritables magistrats ayant « une importance administrative » et pouvant juger les affaires concernant le fisc *(fiscus)*. Ils finirent même par acquérir le titre le plus élevé de la province, celui de président *(præses provinciæ)*. (1).

Cet essai d'organisation administrative disparut avec la chûte de l'Empire romain.

2. — Le nation franque, comme toutes les sociétés encore dans l'enfance, ne sentit pas d'abord le besoin d'une justice administrative qui ne commença réellement à se manifester que longtemps après, dans le XIIIe siècle, avec la *Cour du Roi*.

Divisée en une infinité de provinces, ayant chacune son droit public et son droit privé, ses coutumes particulières, ses usages locaux, ses intérêts spéciaux, la France manquait de l'unité qui constitue aujourd'hui sa force et permet aux plus belles institutions de fleurir et de se répandre d'un point de l'Empire à l'autre.

Vainement les Rois tentèrent-ils souvent d'abattre le colosse féodal; ce n'est qu'à la longue, et encore avec l'aide des Communes, qu'ils parvinrent à le discréditer

---

(1) M. Ortolan, *Explication des Instituts de Justinien*, tome 1er, 6e édition, nos 330, 331, 332 et 333.

et à lui porter des coups dont il lui fut impossible de se relever entièrement.

Confiants en le *commun peuple*, pour se ménager un appui contre la noblesse et se concilier l'amour du plus grand nombre, les monarques demandèrent aussi conseil à la Bourgeoisie dans d'importantes assemblées qui prirent le nom d'Etats-généraux, où étaient convoqués les trois ordres du Clergé, de la Noblesse et du Tiers-Etat. (1).

La royauté, aspirant sans cesse à fonder un pouvoir central et souverain, organisa successivement la force militaire, l'impôt, la justice et toutes les branches de l'administration. Enfin survint la Cour du roi qui, sous les yeux du prince, exerçait à la fois les trois pouvoirs législatif, judiciaire et administratif, et qui finit par se transformer en une vraie juridiction nationale. (2).

---

(1) « Au XVI⁰ siècle, des ambassadeurs étrangers décrivant la constitution de la France, disaient : « Ce qu'on nomme les états du royaume consiste en trois ordres de personnes qui sont, « le clergé d'abord, puis la noblesse, puis tout le reste de la « population. Le Tiers-Etat, qui n'a pas de nom particulier, « peut être appelé d'un nom général l'état du peuple. » (Augustin Thierry, *Essai sur l'histoire de la formation et des progrès du Tiers-Etat*, préface, page 6.

(2) « Avec l'exercice du pouvoir judiciaire, la *Cour du roi* jouait le rôle de conseil en matière administrative..... L'accroissement de ses attributions nécessita l'organisation du service sur de nouvelles bases. Ce n'était pas seulement les affaires contentieuses, c'était encore les affaires relatives à la politique, au gouvernement à l'administration proprement dite, qui prenaient de l'extension; il fallut dispenser certains conseillers de l'expédition des affaires judiciaires pour les attacher exclusivement à celle des affaires administratives... La section judiciaire devint sédentaire à Paris vers le règne de St.-Louis pendant que la section administrative, destinée à aider le roi de ses conseils, l'accompagnait dans ses voyages. » (M. Jules Minier, *Précis historique du droit français*, pages 464 466 et 467.)

Ne pouvant dès lors suffire à sa triple mission, la Cour du roi se divisa en *Conseil* et en *Parlement* (1).

Le Conseil dut s'occuper exclusivement des affaires publiques et administratives.

Le Parlement ! Qu'il nous soit permis de saluer, en passant, cette célèbre et imposante institution, ce véritable « sénat français » qui, après avoir fourni une si longue et si glorieuse carrière, a néanmoins été si diversement apprécié.

(1) « A l'origine de notre langue, on appelait *Parlement* une assemblée quelconque où l'on délibère... Les règnes de Louis VII, Louis VIII et Louis IX présentent, dans divers documents, la mention d'assemblées réunies sous le titre de parlements.

« Le parlement de Paris sortit de l'ancienne Cour féodale que les premiers rois de la troisième race comme suzerains tenaient auprès d'eux. Cette cour se composait de plusieurs sections ou tribunaux ayant des fonctions spéciales,...

« Le parlement, tel qu'il s'est montré, n'est le fait d'aucun décret de la puissance royale. Monument des temps et des circonstances, ce qui l'a établi, c'est la force impérieuse des choses. Quand le roi statue sur lui, il existe déjà; on le sanctionne, on le modifie, nul règlement ne l'a créé.

« L'obscurité naturelle à une institution qui ne résulte d'aucun acte précis, a donné lieu, sur l'origine du parlement de Paris, à trois systèmes principaux. Le premier, fait dériver le parlement de Paris des anciennes assemblées de la nation des Francs. D'après une seconde opinion, il viendrait de la cour des pairs. Il résulterait du troisième système embrassé par Bodin (de la Républ. IX, 4.), Pasquier (Rech. II, 6.), Loiseau (Obs. I, 3, Nos 86 et 87), Henrion de Pansey (T. I, p. 59 de l'Aut. jud.) que le parlement s'était formé d'un démembrement de l'ancien Conseil du roi.

« L'assertion de ces auteurs est vraie en ce qui concerne une partie du parlement, celle, par exemple, qui d'abord fut chargée de la connaissance des matières administratives ; mais il ne faut pas voir toute l'origine du parlement dans l'origine de quelques-unes de ses sections. Ce qui fit le parlement, ce n'est pas le conseil du roi, c'est la cour féodale qui jugeait seule dans le principe, et qui, par la suite, s'augmenta et se modifia au gré de

La plupart des historiens qui ont écrit sur le parlement n'ont voulu voir en lui qu'un corps éminent destiné à rendre la justice. Il nous semble difficile de restreindre à ce point, fort important d'ailleurs, les attributions considérables dont il se trouvait investi, quand nous songeons surtout au droit incontestable qu'il possédait de *remontrance et d'enregistrement des édits.* S'affermissant à mesure que s'affermissait l'autorité royale, le parlement finit par s'immiscer dans la plupart des affaires administratives et participer, en outre, à la puissance souveraine en servant, avec fermeté, de contre-poids aux tendances absolues et parfois capricieuses de la monarchie, et en la retenant souvent dans une voie plus légale et plus conforme aux intérêts réels de la nation.

« Placé en face de l'absolutisme monarchique, rapporte M. F. Mérilhou, le parlement restera toujours fidèle à sa mission; s'il l'oublia à certaines époques d'affaiblissement, il se rencontra dans son sein des voix éloquentes pour le rappeler au sentiment de ses devoirs. Après tout, avant de rappeler les moments où le parlement put devenir factieux et prendre une attitude menaçante en face des excès de la royauté abso-

---

tous les accroissements de la puissance des rois. L'ordonnance de 1291, à laquelle se réfère surtout le système dont nous parlons, ne mêle pas le personnel du conseil du roi dans la connaissance de toutes les causes. Loin de là, les cas où l'assistance du conseil est nécessaire, sont formellement spécifiés par cet acte de 1291. » (Note à la suite de la *Biographie de Jean de la Vacquerie, premier président du parlement de Paris*, par M. Sorbier, avocat-général, aujourd'hui premier-président de la Cour Impériale d'Agen.

lue, il faudrait ne pas perdre le souvenir de l'héroïsme qu'il déploya en d'autres temps pour soutenir la royauté impuissante et affaiblie. » (1).

Enfin, dans les quelques lignes qui suivent et que nous extrayons des *Considérations sur le droit public constitutionnel en France avant* 1789, notre érudit et vénéré Maître, M. CHAUVEAU ADOLPHE, nous indique, en traits vigoureux et saisissants, sur quelle base constitutionnelle reposaient les pouvoirs du parlement. « Comme si les représentants de la nation, assure-t-il, dont le parlement avait eu parfois ombrage, dont il avait voulu trop tôt revendiquer toutes les attributions, comme si ces représentants avaient compris le danger de laisser les principes constitutionnels sans défenseurs, à la disposition du pouvoir royal, et de voir s'éteindre l'exercice des droits qui leur paraissaient avec tant de raison aussi utiles à la royauté qu'aux membres de la grande famille, ces représentants, à l'une de leurs plus célèbres réunions, à Blois, en 1577, posèrent la règle qui devait consacrer la puissance des parlements; ils testèrent, pour ainsi dire, en léguant à ces grands corps une autorité qu'ils prévoyaient devenir stérile entre leurs mains. Et si j'osais, Messieurs, interpréter cette volonté suprême, dont aucune histoire ne nous offre l'exemple, je dirais qu'en 1579 les états-généraux ont armé les parlements du droit de faire tout ce que les états-généraux eux-mêmes avaient le droit de faire, et comme dernier effort de résistance contre les usur-

---

(1) Les Parlements de France, page 168.

pations du pouvoir exécutif, de jeter un cri d'alarme qui ressuscitât, pour ainsi dire, l'institution sommeillant dans le silence des siècles..... Vous savez que ce cri d'alarme, les parlements l'ont jeté en 1788 et que les états-généraux sont sortis de leur tombe en 1789.»

Le *Conseil* lui-même donna plus tard naissance au *Grand-Conseil*, à la *Cour des comptes*, à la *Cour des monnaies*, à la *Cour du trésor* et à la *Cour des aides*. Enfin plusieurs juridictions subordonnées surgirent encore qui s'intitulèrent : *Bureaux des finances, Maîtrises des eaux-et-forêts, Amirautés et autres......*

Mais, au-dessus de toutes ces juridictions, tend chaque jour à s'en développer une nouvelle qui deviendra supérieure, celle du *Conseil d'Etat*. Les attributions de ce conseil furent bientôt multiples, car ce corps eminent ne tarda pas à absorber une partie de celles du grand-conseil et du parlement. Aussi son immense pouvoir, rencontra-t-il, dès le début, une foule d'entraves et de contestations. Il grandit sans cesse néanmoins, et devint enfin cour suprême et régulatrice, tribunal administratif de dernier ressort.

« Sous l'ancienne monarchie, rapporte M. Rodolphe Dareste, le conseil d'Etat exerçait à lui seul la juridiction qui se trouve aujourd'hui partagée entre la cour de cassation, le conseil d'Etat et les Ministres. » (1)

3.—Du sein du *Conseil d'Etat* sortirent plus tard les *Intendants* (2) qui, en principe, n'étaient que de sim-

---

(1) La Justice administrative en France, page 74.
(2) « M. de Ste-Suzanne ne partage pas l'opinion de ceux qui voient dans les *Missi dominici*, les enquesteurs royaux, les maî-

ples *maîtres des requêtes* envoyés par le Roi en inspection dans les provinces. Ils étaient chargés de l'informer des crimes et des abus qui s'y commettaient, de réprimer les contraventions et de recevoir les plaintes qui paraissaient fondées. Ils furent, en dernier lieu, tenus de résider, en qualité *d'Intendants*, aux divers sièges de leur administration. Leur autorité augmenta chaque jour davantage et, avec elle, leurs attributions prirent de l'extention.

Cumulant les fonctions administratives avec les fonctions judiciaires, les Intendants, dit M. H. Dupin, dans son *Histoire administrative des communes de France*, « dirigeaient l'emploi des revenus patrimoniaux des villes et communautés. Ils réglaient la distribution des troupes dans les différents endroits de la province, le prix et la répartition des fourrages accordés aux gens

---

tres des requêtes chargés de faire des chevauchées par tout le royaume, les premiers représentants de l'administration proprement dite dans les provinces. Il conteste également à Henri II l'honneur de la création des intendants. Suivant lui, « ce furent les bureaux des finances, représentés par leurs présidents, qui donnèrent réellement naissance à l'administration proprement dite, dont la plus haute personnification dans les provinces devint plus tard les intendants », et il trouve dans l'ordonnance de 1635, rendue par Louis XIII à l'instigation de Richelieu, une émunération des attributions des présidents trésoriers des finances, qui lui paraît contenir le véritable germe des attributions confiées aux intendants. Il reconnaît que les fonctions administratives existaient antérieurement à cette ordonnance, mais confondues avec les fonctions financières. Il y avait dans une pareille organisation des inconvénients que l'édit de 1635 s'attachait à signaler, et ce fut pour mettre un terme à un état de choses si contraire à ses vues, que Richelieu provoqua l'ordonnance portant cette date. » (H. Marie Martin, compte rendu de l'ouvrage intitulé l'*Administration sous l'ancien régime*, par M. Boyer de Ste-Suzanne).

de guerre. Ils faisaient les approvisionnements pour les magasins du roi. Ils étaient juges de la plupart des droits qui composaient la ferme des domaines, sans appel au conseil des Finances. Ils connaissaient de même, en première instance, des différentes contestations en matière d'aides et de douanes. Ils pouvaient être commis par arrêt du conseil pour entendre les parties, tenir note de leurs dires et réponses, et pour instruire des affaires qu'il eût été trop long et trop dispendieux de suivre à Paris. »

Toutefois, les Intendants allèrent souvent jusqu'à abuser de leur omnipotence presque absolue, notamment en matière d'impôts. Delà, des murmures et des mécontentements. Les populations se trouvaient poussées à bout, et il était aisé de comprendre qu'une modification brusque, peut-être violente, se préparait.

4.— On jugea alors que de notables changements devenaient indispensables, et les Ministres les plus noblement inspirés, les Turgot et les Necker, résolurent de remédier au mal en étendant à toutes les provinces du royaume l'importante création des *Assemblées provinciales* qui devaient être dorénavant chargées de la répartition des tailles et contributions. (1)

_____

(1) « La Cour essaya pourtant une mesure qui aurait pu pour quelque temps conjurer la tempête si elle avait été prise à temps, c'est-à-dire avant que tous les esprits fussent dans l'attente des États-généraux. Elle fit ce que les contemporains appelèrent la révolution de 1789... Parmi ces mesures, depuis longtemps élaborées à la chancellerie, et brusquement promulguées alors pour le besoin du moment, il suffira de citer l'abolition de la torture préalable et de la sellette, l'obligation imposée aux juges de motiver leurs arrêts, l'établissement d'un certain nombre de grands

En 1787, le cardinal Loménie de Brienne provoqua, en conséquence, cet édit célèbre, dès lors impuissant, au moyen duquel le chancelier de Lamoignon espérait que « tout serait réparé sans secousse, sans boule-

bailliages, jugeant en dernier ressort au criminel, et au civil, quand la somme litigieuse ne dépassait pas le chiffre de vingt mille francs, la promesse, ajournée il est vrai, de la suppression d'un des trois vingtièmes, enfin la création très-importante et très-féconde d'*Assemblées provinciales* permanentes, ou représentées pendant les vacances par des commissaires délégués. Ces assemblées avaient été proposées au roi, en 1778, par Necker, qui établit alors les assemblées du Berry et du Rouergue, mais dont les projets furent contrecarrés par les parlements jusqu'à sa première retraite du ministère, arrivée en 1781.

« Dans cette dernière institution surtout était l'originalité de la mesure. Méaupou avait déjà essayé de réformer la justice par la création de nouveaux ressorts et la suppression des droits politiques du parlement; mais c'était la première fois, depuis l'établissement définitif de l'autorité royale, que le pouvoir central se dessaisissait d'une partie considérable de l'administration pour la mettre directement dans les mains du pays. Cependant tel est le malheur des derniers défenseurs de la monarchie, qu'ils semblent inintelligents et maladroits même dans ce qu'ils font de bien. Il est clair qu'en établissant les conseils provinciaux, ils ne songeaient pas à diminuer les abus de la centralisation. Ce qui aurait pu être l'inauguration d'une politique nouvelle était tout simplement un expédient pour capter la faveur publique. Médiocrement conçue, puisqu'elle laissa subsister les intendant à côté des conseils qui devaient les remplacer et ne firent peut-être que les fortifier, exécutée sans franchise, cette grande mesure ne fit que rendre l'administration difficile, et désarmer le gouvernement au moment où il avait le plus besoin de force. La division des ordres, qui entraînait celle des intérêts, rendait d'ailleurs la constitution de ces assemblées presque impossible. On peut dire que cette création ne fut comprise, ni du ministère qui en prit l'initiative, ni des parlements, qui l'avaient provoquée, et qui ne tardèrent pas à la combattre, ni du peuple. Ceux qui, à cette époque, avaient de l'intelligence politique visaient beaucoup trop haut pour s'arrêter à une réforme administrative. »

(M. Jules Simon, *La Liberté*, 2me édition, tome 1er; *Introduction*, Chapitre II, pages 136, 137, 138 et 139.)

versement de fortunes et sans altération des principes du gouvernement. » (1).

Certes, si une institution parut jamais capable d'engendrer l'apaisement et de calmer les justes susceptibilités populaires, celle-là aurait dû produire ce résultat; on introduisait, en effet, le vote par tête et on doublait le nombre des représentants du Tiers-Etat, en sorte qu'il se trouvât être l'équivalent de celui de la Noblesse et du Clergé réunis.

La concession était importante; on voulait, autant que possible, satisfaire à l'opinion. Mais il n'était plus temps d'arrêter le débordement des idées et de comprimer le souhait de tous, celui de détruire radicalement l'arbitraire et les privilèges. L'édit de 1787 qui, s'il fût intervenu quelques années avant, aurait été accueilli par des acclamations enthousiastes, ne pouvait plus servir de digue aux aspirations et aux entraînements qui incitaient le peuple à transformer en une seule assemblée nationale les diverses assemblées provinciales.« C'était toute la Révolution, que la création de ces assemblées », s'écrie M. Léonce de Lavergne, dans son intéressant ouvrage sur les *Assemblées provinciales*. Il a raison; car on éprouva encore plus alors l'irrésistible besoin de renverser les divisions territoriales qui constituaient une foule d'Etats dans l'Etat, et d'affranchir certaines provinces de charges dont plusieurs autres n'étaient nullement grevées.

5. — Ainsi donc, tandis que, l'ordre des choses n'é-

(1) Théophile Lavallée, *Histoire des Français*, tome III, p. 582.

.2

tant plus en rapport avec les esprits, les juridictions établies paraissaient à tous déjà surannées et qu'une réforme absolue était ardemment sollicitée par le plus grand nombre, par les parlements eux-mêmes, éclata la Révolution et avec elle son radical nivellement.

Le pouvoir royal, en effet, bien intentionné sans doute, mais irrésolu et trop faible à lui seul pour donner satisfaction aux aspirations légitimes, discrédité d'ailleurs par le mauvais état de ses finances, fut contraint de demander des subsides à la nation et de faire droit aux vœux de tous en convoquant les *Etats-généraux*. Ils s'assemblèrent, en conséquence, à Versailles, le 5 mai 1789.

De ce jour, date une ère nouvelle et rénovatrice. Le Tiers-Etat qui, jusque là, avait compté pour peu, pour rien même, aspira à devenir tout (1). Ayant conscience

(1) « On commençait à agiter de grandes questions relatives à leur organisation *(des états généraux)*. On se demandait quel y serait le rôle du tiers-Etat; s'il y paraîtrait en égal ou en suppliant, s'il obtiendrait une représentation égale en nombre à celle des deux premiers ordres; si on délibérerait par tête ou par ordre et si le tiers n'aurait qu'une seule voix contre les deux voix de la noblesse et du clergé

« La première question agitée fut celle du nombre des députés. Jamais controverse philosophique du dix-huitième siècle n'avait excité une pareille agitation. Les esprits s'échauffèrent par l'importance tout actuelle de la question. Un écrivain concis, énergique, amer prit dans cette discussion la place que les grands génies du siècle avaient occupée dans les discussions philosophiques. L'abbé Sieyès, dans un livre qui donna une forte impulsion à l'esprit public, se demanda : Qu'est le Tiers-Etat? Et il répondit : Rien.— Que doit il être ? —Tout. » (M. Thiers, *Histoire de la Révolution Française*, tome 1er, page 15).

« Fier d'une première victoire remportée, le doublement de sa représentation, le Tiers-Etat se sentant poussé en avant par cette force irrésistible de l'opinion qui, elle aussi, fait entendre à

des innombrables exactions qu'il avait subies, sentant
sa force, comprenant sa valeur et son énergie, confiant
dans ses excellentes dispositions, jugeant les nouveaux
besoins et envisageant les améliorations qu'ils réclament, ses Représentants, mandataires du peuple, déci-
lèrent de se lier par serment au salut public et aux
intérêts de la patrie. Ils jurèrent donc de ne se séparer
qu'après avoir doté le royaume d'une constitution af-
fermie sur des fondements solides. Et c'est dans la nuit
mémorable du 4 août, qu'au milieu du plus chaleureux
enthousiasme, l'Assemblée conclut à la destruction de
la féodalité, à l'abolition des justices seigneuriales, à
la suppression des privilèges, au rachat de la dîme, à
l'admission de tous les citoyens aux fonctions civiles
et militaires......

6.— L'ancien échafaudage une fois renversé, les délégués de la nation s'empressèrent de déblayer le terrain pour reconstruire ensuite sûrement. Aussi une
infinité de lois se succèdent rapidement qui sont des-
tinées à régir la société nouvelle, et la base du régime
administratif actuel est jetée par l'Assemblée Constituante.

En exécution de la loi du 22 décembre 1789, le sol
français est divisé, par un décret du 26 février 1790,
en départements, districts, cantons et municipalités.

---

ses prosélytes ce formidable *marche ! marche !* qui retentissait à
l'oreille de Bossuet, le tiers commence, dès l'ouverture des
Etats, à se considérer comme toute la représentation nationale.
Le 6 mai 1789, il réclame la vérification des pouvoirs en com-
mun. Le 17 juin il se déclare *Assemblée nationale.* » (Amic et
Mouttet, *la Tribune française*, Introduction, Tome 1er, page 3).

On passe ensuite à la suppression de tous les Tribunaux de privilège ou d'attributions tels que Maitrises des eaux-et-forêts, Bureaux des finances, Cour des aides, Cour des monnaies, Grand-Conseil, Sénéchaussées, Balliages, Présidiaux. (1)

L'article 1er du décret des 27 novembre —1er décembre 1790 crée un Tribunal de Cassation.

7.— Un autre texte législatif des 27 avril —25 mai 1791, tout en supprimant les maîtres des requêtes et les anciens conseillers, réorganise le Conseil d'Etat, qui sera dorénavant composé du Roi et de ses Ministres et qui statuera sur certaines matières spécifiées. (2)

Un instant suspendu par l'article 151 de la Constitution du 5 fructidor an III, le Conseil d'Etat reparaît bientôt, le 22 frimaire an VIII, avec une autorité plus étendue, pour concourir à la rédaction des projets de loi et des réglements d'administration publique et résoudre les difficultés administratives (art. 52). Le 5 nivôse suivant, on réglemente son organisation, on le divise en sections et on rétablit les conseillers. Plus tard, on institue des auditeurs auprès de ce conseil (3); et les maîtres des requêtes viennent de nouveau prendre part à ses travaux (4). Enfin encore un mois, et l'on rédige le réglement du 22 juillet 1806, qui est toujours en vigueur.

Depuis cette époque, bien des commotions politiques

(1) Décret des 7—11 septembre 1790, art. 10, 13 et 14.
(2) Art. 15, 16, 17 et 35.
(3) Arrêté du 19 germinal an XI.
(4) Décret du 11 juin 1806.

ont produites qui ont renversé une foule d'institu-
ons; mais le Conseil d'Etat, cette « école vivante de la
science gouvernementale » (1), est sans cesse resté
debout. On a pu plusieurs fois mettre son organisation en harmonie avec les idées du moment et critiquer même sa constitutionnalité, mais il a défié tous
les coups et a su s'imposer, au contraire, en se retran-
chant derrière l'érudition consommée de ses membres,
la haute indépendance du corps entier et l'absolue nécessité de l'existence de ses attributions.

Le Conseil d'Etat puise aujourd'hui son organisation
dans les dispositions du décret organique du 25 janvier 1852, du réglement du 30 janvier de la même
année, du décret du 25 novembre 1853, du décret du
7 septembre 1864 et de celui du 2 novembre suivant.

8. — Contrairement à la mesure qu'il prit d'abolir
les nombreuses juridictions constituées sous l'ancienne
monarchie, le décret des 7—11 septembre 1790 main-
tint, par son article 12, les Chambres des comptes, mais
seulement jusqu'à ce qu'il aurait été pourvu à un nouveau régime de comptabilité.

En conséquence, la loi des 17—29 septembre 1791,
après avoir déclaré que ces chambres cesseront toutes
fonctions et que désormais l'Assemblée législative apu-
rera les comptes de la nation, établit un *Bureau de comptabilité* destiné à recevoir tous les comptes et à préparer les rapports (2).

Diverses modifications furent successivement intro-

---

(1) M. Rouher, *Corps législatif*, séance du 19 mars 1866.
(2) Titre 1er, art. 1er; titre 2, art. 1er, 2 et 3; ·

duites dans cette organisation, notamment en l'an III. Survinrent, en dernier lieu, la loi du 16 septembre 1807 et le décret réglementaire du 28 du même mois, qui confièrent les fonctions de la comptabilité à une *Cour des comptes,* fixèrent sa compétence et réglèrent son organisation.

« L'organisation de cette cour, remarque M. Rodolphe Dareste, n'a pas varié depuis 1807, sauf une faible augmentation de personnel; mais ses attributions se sont étendues.... Elle exerce un contrôle sérieux sur l'ensemble de la gestion financière du pays. Seule de toutes les juridictions administratives, elle a l'inamovibilité; mais, par une étrange anomalie, elle ne juge qu'à huis-clos, sans que les parties puissent jamais être autorisées à présenter des observations orales à l'audience, soit par elles-mêmes, soit par le ministère d'avocat. Le jugement des comptes soulève cependant de fréquentes questions véritablement contentieuses. Pourquoi dès lors refuser le débat oral et public aux parties? Le temps n'est plus où le secret paraissait nécessaire dans les finances publiques, et où le relieur et même l'huissier de la cour ne devaient pas savoir lire. » (1).

Nous aurons occasion de constater plus bas, en commentant l'article 10 de la loi du 21 juin 1865, une exception de ce genre au principe général de la publicité des séances des Conseils de préfecture.

9. — Au-dessous de ces deux juridictions souve-

(1) *La Justice administrative en France*, pages 193 et 194.

raines, plusieurs tribunaux du premier degré se partagent le contentieux de l'administration : ce sont principalement les Ministres, les Préfets, les Conseils de préfecture, les Conseils académiques, les Conseils de recensement pour la garde nationale, les Conseils privés des colonies et diverses Commissions administratives.

Nous nous occuperons spécialement, dans ce travail, de l'organisation et de la composition des Conseils de préfecture.

CHAPITRE II.

De la Séparation des pouvoirs administratif et judiciaire.

SOMMAIRE.

10. Séparation des pouvoirs établie par la législation.
11. Consécration par la jurisprudence.
12. Opinion de Montesquieu.
13. A qui fut successivement dévolu le soin de rendre la justice administrative ?

10.— Craignant le retour des empiétements de la justice civile sous l'ancien régime, les premiers législateurs de la Révolution semblèrent vouloir établir le principe de la séparation des pouvoirs administratif et judiciaire dans la loi du 22 décembre 1789 qui déclare, section III, art. 7, que les administrations de département et de district ne pourront être troublées dans l'exercice de leurs fonctions par aucun acte du pouvoir judiciaire.

Plus tard, l'article 13, titre II, de la loi du 16 août

1790, sur *l'organisation judiciaire*, vient hautement corroborer en ces termes la précédente déclaration : « Les fonctions judiciaires sont distinctes et demeureront toujours séparées des fonctions administratives. Les juges ne pourront, à peine de forfaiture, troubler, de quelque manière que ce soit, les opérations des corps administratifs, ni citer devant eux les administrateurs pour raison de leurs fonctions. »

Défenses itératives sont faites encore, par la loi du 16 fructidor an III, aux tribunaux de connaître des actes d'administration de quelque espèce qu'ils soient.

Le 2 germinal an V, un arrêté du Directoire exécutif ordonne au commissaire près le tribunal de cassation de dénoncer à ce tribunal des jugements rendus par les tribunaux civils dans une affaire qui, par sa nature, était entièrement du ressort des autorités administratives. Dans un des *considérants* de cet arrêté, il est posé comme règle que « les demandes en paiement des sommes dues à la République ne peuvent être intentées que par ou contre les commissaires du Directoire exécutif près les administrations, et que les tribunaux ne peuvent en connaître qu'après qu'elles ont subi l'examen des corps administratifs. » Dans un autre *considérant*, on range, dans la classe des affaires administratives, « toutes les opérations qui s'exécutent par les ordres du Gouvernement, par ses agents immédiats, sous la surveillance et avec les fonds fournis par le Trésor public. » (1)

---

(1) Duvergier. *Collection des Lois*, , tome IX, p. 329.

11.— Ces dispositions législatives sont générales et absolues; une foule de décisions postérieures ont, du reste, consacré le principe de l'indépendance réciproque de ces deux pouvoirs, et les préfets sont chargés d'élever le *Conflit* toutes les fois que les tribunaux judiciaires se disposent à apprécier une affaire qui rentre dans le domaine des juges de l'administration.

Tous les cas seuls qui ne font point partie de la compétence de l'autorité administrative doivent donc être portés devant l'ordre judiciaire. La première, en effet, *interprète* les actes de l'administration ; tandis que la stricte *application* de ces mêmes actes, pourvu encore qu'ils ne soient nullement contestés, doit être déférée aux tribunaux civils.

Entr'autres décisions établissant cette importante distinction, existe un arrêt de la Cour de cassation, en date du 13 mai 1824, confirmant un arrêt de la cour de Dijon et ainsi conçu :

« Attendu que s'il importe à l'ordre public de maintenir le principe fondamental du droit actuel sur la distinction entre les fonctions judiciaires et les fonctions administratives, il n'est pas moins essentiel, dans l'intérêt de ce même ordre public, que les lois qui ont établi cette distinction soient sainement entendues; qu'à cet égard la législation se compose de l'article 13, titre II de la loi du 16 août 1790 et de celle du 16 fructidor an III;

« Attendu que la seule conséquence qui résulte de ces lois, est que les cours et tribunaux sont dans la double impuissance d'exercer les fonctions administra-

tives et de soumettre les actes de l'administration à
leur censure, en les infirmant, les modifiant, [arrêtant
ou suspendant leur exécution; mais que si un acte administratif attribue à quelqu'un la propriété d'un objet
les cours et tribunaux, juges exclusifs de toutes les
questions qui dérivent du droit de propriété, doivent
nécessairement prendre connaissance de cet acte, pour
y appliquer les principes de la législation commune,
sous la seule condition de n'y point porter atteinte,
ainsi que le déclare le décret du 30 thermidor an XII,
inséré au Bulletin des lois.

« Attendu qu'on ne peut, sans abuser des termes
de lois précitées et méconnaître le décret du 30 thermidor an XII, soutenir qu'il y ait nécessité pour les
juges de renvoyer la cause devant l'administration
aussitôt que l'une des parties prètend trouver des doutes et matières à *interprétation* dans l'acte administratif invoqué par l'autre; que ce serait, en effet, laisser
à la discrétion d'un plaideur téméraire le droit de suspendre le cours de la justice, en élevant des doutes
contre l'évidence, et soutenant qu'il est nécessaire *d'interpréter* ce qui ne présenterait ni équivoque, ni obscurité; qu'au contraire, et par la nature des choses et par
celle de leurs devoirs, les cours et tribunaux doivent
examiner si, ou non, l'acte produit devant eux attribue
les droits réclamés; qu'ils doivent, *en cas de doute*, renvoyer à l'autorité administrative; que si, au contraire,
l'acte leur paraît n'offrir ni *équivoque*, ni *obscurité*, ni
doute sur le *fait* qu'il déclare ou sur la *propriété* qu'il
attribue, ils doivent, sauf le cas de conflit légalement

élevé, retenir la cause et la juger....... Rejette. » (1)

La Cour de cassation a décidé aussi, le 22 mai 1824, qu'il faut attribuer aux tribunaux « tout ce qui est *application* d'un titre administratif dont le sens et l'effet ne sont pas contestés, et encore tout ce qui est litigieux en dehors des titres administratifs ; mais qu'il faut réserver à l'administration toute espèce *d'interprétation* des dispositions de ce titre. » Elle va plus loin, car elle ajoute que « l'incompétence des tribunaux pour *interpréter* les actes *administratifs*, est tellement absolue, qu'elle peut être proposée *même par la partie qui les a saisis de la contestation.* » (2.)

La chambre des requêtes de la Cour de cassation, ayant à juger un pourvoi formé contre un arrêt de la cour impériale d'Angers, à l'occasion d'un arrêté ministériel, a décidé, le 9 décembre 1861, que si cet acte « paraissait *douteux*, la cour devait surseoir à statuer jusqu'à ce que cet arrêté eût été interprété, modifié ou réformé par l'autorité de qui il émane. » (3)

Un arrêt de la Cour de cassation, du 22 août 1864, enseigne de nouveau que « lorsqu'il y a lieu, pour apprécier une demande soumise à l'autorité judiciaire, d'interpréter des actes administratifs, les juges doivent se borner à ordonner le sursis jusqu'à ce que l'*interprétation* ait été faite par qui de droit. » (4)

La cour impériale de Paris a jugé, en outre, le 7

(1) Sirey, 1825, 1re partie, page 59.
(2) Sirey, 1824, 1re partie, page 245.
(3) Journal *Le Droit*, du 10 décembre 1861.
(4) Sirey, 1865, 1re partie, page 129.

août 1865, dans un procès célèbre intenté par la famille de Montmorency contre M. le comte Adalbert de Talleyrand-Périgord, que « les Tribunaux ont sans doute le devoir de renvoyer aux pouvoirs supérieurs et et à l'administration l'*interprétation* de leurs actes. »

12. — Ces principes de la séparation des pouvoirs sont absolus, parce qu'ils reposent sur la nature même des choses ; c'est pourquoi la jurisprudence est constante et invariable sur ce point. D'ailleurs « la séparation des pouvoirs est la première garantie de la liberté », assure M. le comte Walewski, président du Corps législatif, dans une allocution à la chambre des députés. (1)

« Il n'y a point encore de liberté, atteste Montesquieu, si la puissance de juger n'est pas séparée de la puissance législative et de l'exécutrice. Si elle était jointe à la puissance législative, le pouvoir sur la vie et la liberté des citoyens serait arbitraire ; car le juge serait législateur. Si elle était jointe à la puissance exécutrice, le juge pourrait avoir la force d'un oppresseur.

« Tout serait perdu si le même homme ou le même corps des principaux, ou des nobles, ou du peuple exerçait ces trois pouvoirs : celui de faire les lois, celui d'exécuter les résolutions publiques et celui de juger les crimes ou les différents des particuliers. » (2)

13. — Une fois donc qu'il eut été proclamé que les deux pouvoirs judiciaire et administratif seraient complétement indépendants l'un de l'autre, la justice ad-

(1) Séance du 23 janvier 1866.
(2) *Esprit des lois*, Livre XI, chapitre 6, tome 1er, page 254.

ministrative fut successivement confiée aux districts, aux administrations départementales, aux comités de l'assemblée nationale et au directoire lui-même. Elle fut ensuite dévolue aux ministres, qui cumulèrent ainsi les fonctions de juges avec celles d'administrateurs.

Puis vint, comme nous l'avons déjà vu, la Constitution du 22 frimaire an VIII qui chargea le Conseil d'Etat de résoudre les difficultés qui pourraient surgir en matière administrative : et l'article 11 du réglement du 5 nivôse de la même année enjoint, en outre, à ce conseil de prononcer sur les matières contentieuses dont les ministres avaient précédemment la connaissance.

Enfin paraît, entre toutes importantes, la loi du 28 pluviôse an VIII qui, après avoir divisé le territoire de la République en départements et en arrondissements communaux, remet à des préfets l'administration et crée les Conseils de préfecture, auxquels elle attribue le jugement de certaines affaires contentieuses spécialement désignées dans l'article 4. Depuis cette époque, beaucoup de lois ont considérablement accru les attributions de ces conseils.

CHAPITRE III.

DE LA

Juridiction administrative en général.

SOMMAIRE.

14. Définition de la juridiction administrative.
15. Critiques contre cette juridiction.
16. Réfutation de ces critiques.

14. — On entend généralement par juridiction *(jus*

dicere) le pouvoir de constater le droit, de prononcer une sentence. Nous désignerons donc, sous le nom de juridiction administrative, le pouvoir des magistrats auxquels la justice administrative est confiée.

15.— Depuis la séparation des pouvoirs par l'Assemblée Constituante, on a contesté à plusieurs reprises et la *constitutionnalité* et la *légalité* et la *nécessité* d'une juridiction administrative. M. de Broglie en 1828, M. Bavoux peu de temps après, et tout récemment, au sein du Corps législatif, MM. les députés Paul Bethmont et Ernest Picard se sont faits les champions de cette thèse paradoxale. L'Etat est à la fois *juge et partie* dans sa propre cause, prétendent-ils. « Il est vrai, absolument vrai de dire aujourd'hui, soutient M. Bethmont, que chaque fois qu'un particulier se trouve en face de l'Etat, c'est l'Etat qui est juge et en même temps partie. » (1) En conséquence, il demande la suppression des Conseils de préfecture et de la section du contentieux du Conseil d'Etat. Après lui, M. Picard exprime le vœu qu'on réforme « jusque dans ses fondements » cet édifice administratif, qu'il considère comme « vermoulu. » (2)

16.— Mais est-il donc bien possible de détruire cet édifice qu'on dit vermoulu et qui a cependant produit, depuis soixante-six années environ, d'excellents résultats, malgré les améliorations dont il était susceptible et auxquelles on a tour à tour donné satisfaction en majeure partie; est-il bien possible de confier, ainsi

(1) Corps législatif, séance du 23 mai 1865.
(2) Corps législatif, séance du 23 mai 1865.

qu'on l'atteste, le contentieux de l'administration aux tribunaux judiciaires ? Quoi, c'est après avoir solennellement reconnu les blâmables empiètements de l'un des pouvoirs sur l'autre et après avoir, par suite, proclamé l'indépendance mutuelle de ces deux pouvoirs, qu'on voudrait de nouveau les confondre! Rien ne serait plus pernicieux, dans l'intérêt d'une bonne et prompte distribution de la justice.

Le contentieux administratif prenant d'ailleurs naissance à l'occasion d'un acte de l'administration, les tribunaux revendiqueraient le privilège excessif de modifier et de dénaturer cet acte, soit en l'expliquant, soit en l'interprétant ! Ce n'est point admissible.

Plusieurs éminents esprits, en faisant raison du reproche d'*inconstitutionnalité* et d'*illégalité* adressé à la juridiction administrative, ont surabondamment démontré la *nécessité* de cette juridiction.

« Il est devenu *nécessaire*, dit M. Locré, d'instituer une justice administrative qui, ayant plus de latitude, puisse tout balancer, former un droit mixte des règles du droit public et de celles du droit privé, et faire prévaloir, au besoin, l'équité et l'intérêt de tous sur les dispositions inflexibles et plus étroites de la législation positive. » (1)

« L'Administration ne cesse pas d'administrer même lorsqu'elle statue sur des matières contentieuses. La juridiction qu'elle exerce est le complément de l'action administrative », ajoute M. Portalis, dans un rapport soumis à la Chambre des Pairs. (1)

---

(1) *Du Conseil d'Etat.*
(2) Séance du 25 janvier 1834.

« Il ne faudrait pas, écrit M. de Cormenin, toucher sans d'extrêmes précautions aux attributions de la juridiction administrative; il vaut mieux la régler que de la détruire. Les parties ne gagneraient rien à aller devant les tribunaux civils, car les procès seraient à la fois plus lents et plus dispendieux. Le gouvernement n'y gagnerait rien non plus, car il faudrait qu'il rappelât sans cesse à lui par la voie de l'évocation, une foule de questions purement administratives ou politiques qui se mêleraient d'une manière presque inextricable à ces thèses contentieuses devenues judiciaires. La séparation des pouvoirs établie pas l'Assemblée constituante serait confondue et renversée. Les conflits se multiplieraient à l'infini avec leurs inévitables lenteurs et leurs scandales. Le cours de la justice, qui doit être prompt pour être efficace, serait interrompu à chaque instant et intravé; il y aurait des confusions de matières, des luttes de juridictions, des dangers de jugements, des refus insurmontables de pièces ministérielles, des impossibilités d'exécution de toute espèce. » (1)

« Lorsqu'on dit, professe M. Foucart, que l'administration est juge dans sa propre cause et qu'on lui en fait un reproche, on exprime d'abord une idée incomplète, car l'administration est juge, sauf la responsabilité de ses agents; on lui fait en outre un reproche mal fondé, car il n'est pas possible que l'administration ne soit pas juge des mesures qu'elle doit prendre, puisque sans cela elle deviendrait impossible. On exa-

(1) *Questions de droit administratif*, 4e édition, préface, Tome 1er, page 14.

gère ensuite un inconvénient inhérent à la nature même des choses, comme si les administrateurs avaient
nécessairement un intérêt opposé à celui de leurs administrés; et qu'ils eussent à gagner quelque chose à
l'exécution d'une mesure quelconque......

« Cependant il est des circonstances dans lesquelles
l'intérêt public se complique des droits des particuliers,
de telle sorte qu'il pourrait y avoir préjudice pour l'Etat,
si ces droits restaient soumis à la règle générale et devaient être appréciés par les tribunaux ordinaires. Ici
la *raison d'Etat,* le *salus populi suprema lex* a introduit une exception qui doit être restreinte aux cas rigoureusement nécessaires.......

« L'administration exerce une véritable *juridiction,*
puisqu'elle prononce, après provocation des parties, sur
un litige élevé entre elle et des particuliers, ou quelquefois entre des particuliers touchant l'application de
la loi à un fait dont l'existence et les conséquences sont
contestées. » (1)

« Le législateur, avance M. Th. Ducrocq, a dû investir de la connaissance du contentieux administratif,
des tribunaux autres que ceux auxquels il attribuait le
contentieux judiciaire. Les motifs de l'établissement de
ces deux classes de tribunaux sont : que les procès administratifs ont un caractère d'urgence demandant des
formes plus brèves; qu'ils exigent des connaissances
spéciales; qu'il faut que le jugement de ces litiges
tout en garantissant les droits privés ait principale-

___

(1) *Eléments de droit public et administratif;* tome III,
Nos 315, 316 et 320.

3.

ment en vue l'intérêt général ; c'est surtout que l'indépendance nécessaire à l'administration eût été vainement proclamée si le contentieux administratif n'avait pas été confié à des magistrats de l'ordre administratif. Le législateur en créant ces deux justices parallèles, l'une judiciaire, l'autre administrative, n'a établi aucun lien de dépendance entre elles, n'a pas fait, en principe, de délibation de l'une à l'autre. Après avoir existé concurremment dans l'ancienne jurisprudence, même au milieu des envahissements des parlements avec lesquels coexistaient les intendants et le conseil du Roi, les bureaux d'élections et la cour des aides, la table de marbre, la cour des monnaies, et d'autres tribunaux administratifs, ces deux juridictions ont été instituées en même temps à trois semaines d'intervalle, après la révolution : la juridiction civile par la loi d'organisation judiciaire des 16—24 août 1790, la juridiction administrative par la loi des 7—11 septembre 1790 et les autres lois d'organisation administrative de l'Assemblée Constituante. Qu'on les considère au point de vue de leur objet différent, ou de l'historique de leur institution contemporaine, on voit que la justice administrative n'est pas plus un démembrement de la justice judiciaire que celle-ci ne l'est de la première, et que la qualification de tribunaux d'exception fréquemment donnée aux tribunaux administratifs est une incontestable erreur. » (1)

Ainsi donc la juridiction administrative n'est pas *inconstitutionnelle*, car elle n'a été infirmée par aucu-

(1) *Cours de droit administratif*, N° 86.

ne constitution; elle n'est pas *illégale*, car, au contraire, plusieurs lois la réglementent; elle est, à coup sûr, *nécessaire*, puisqu'elle complète l'action de l'administration.

Et maintenant, quant à cette phrase sacramentelle, « l'autorité est à la fois *juge et partie* dans sa propre cause », mise continuellement en avant par les adversaires de la juridiction administrative, elle épouvante, à notre avis, plus qu'elle ne devrait faire; car, si l'Etat est tenu de sauvegarder avec vigilance l'intérêt général, ce n'est pas une moindre obligation pour lui de ménager les droits privés ; et il est certain en outre que, même politiquement, il s'y trouve au plus haut point intéressé.

CHAPITRE IV.

De la Juridiction administrative divisée en juridiction gracieuse, en juridiction contentieuse et en juridiction mixte ou quasi-contentieuse.

SOMMAIRE.

17. Différence entre la juridiction administrative et la juridiction civile.

17.— La juridiction administrative a son but comme la juridiction civile a le sien; mais ces deux buts diffèrent essentiellement entre eux. En effet, tandis que celle-ci a pour mission de protéger et de régler les intérêts particuliers, celle-là est appelée à défendre l'intérêt général et à s'interposer quand il est aux prises avec l'intérêt ou le droit des citoyens. Nous disons *l'in-térêt* ou le *droit* des *citoyens* ; car, si devant les tribu-naux judiciaires ces deux expressions sont synonymes et employées indifféremment l'une pour l'autre, il n'en est pas ainsi administrativement parlant. Toute la théo-rie, du reste, de la juridiction *gracieuse* et de la juridic-tion *contentieuse* repose sur ces deux mots bien définis et bien entendus.

Alors que l'avantage, *l'intérêt* seul d'une personne est compromis par une mesure administrative, la juri-diction *gracieuse* prend naissance ; mais, d'un autre cô-té, pour peu que sa propriété, son *droit* soit violé, la juridiction *contentieuse* est sollicitée.

Dans le premier cas, la *bienveillance* de l'adminis-tration peut, oui ou non, acquiescer à la pétition du réclamant, selon qu'elle le juge à propos : ainsi, par exemple, les demandes en *remise* ou *modération* de la cote des contributions. Dans le second, l'équité étant en jeu, l'administration ne pourrait rejeter, sans fla-grante injustice, une réclamation qui lui paraîtrait fon-dée : demandes en *décharge* ou *réduction* de cote par les contribuables.

PARAGRAPHE 1er.

De la Juridiction Gracieuse.

SOMMAIRE.

18. A qui est dévolue la juridiction gracieuse ?

18. — La juridiction *gracieuse* est dévolue aux agents de l'administration eux-mêmes, et on peut toujours ap-peler de la décision rendue par le subordonné. Il n'y a,

dans ce cas, aucune nullité, aucune déchéance à encourir.

On jouit même de la faculté, toujours dans le cas de juridiction *gracieuse*, de réclamer *directement* auprès de l'autorité impériale. Un décret du 18 décembre 1852 a nommé, à cet effet, une Commission, composée d'un conseiller d'Etat, de deux maîtres des requêtes et de six auditeurs, qui examine les diverses pétitions adressées au Chef de l'Etat. Le président de cette Commission remet, chaque semaine, à l'Empereur un rapport dans lequel sont consignées les propositions qu'elle croit devoir signaler à son attention.

Il n'est pas douteux qu'on ne puisse, après une première décision impériale, en provoquer une seconde, une troisième, sur le même objet : le droit d'appeler de l'Empereur à l'Empereur mieux informé reste sans cesse intact.

PARAGRAPHE II.

De la Juridiction Contentieuse.

SOMMAIRE.

19. A qui est confiée la juridiction contentieuse ?
20. Combien y a-t-il, en matière administrative, de degrés de juridiction ?

19.— La juridiction *contentieuse* est confiée à de véritables tribunaux. Cependant, ce qui nous semble un tort, ces tribunaux sont quelquefois des administrateurs tels que les Ministres, les Préfets, etc; mais souvent aussi ce sont des Conseils et des Commissions, ce qui est infiniment préférable.

Voilà pour le premier degré de juridiction.

Dans une sphère plus élevée, se tient le Conseil d'Etat, cour d'appel et de cassation pour la juridiction contentieuse, et qui pourtant, en quelques rares affaires, juge en premier et dernier ressort.

20. — Comme pour la juridiction judiciaire, il y a deux degrés de juridiction administrative, en matière contentieuse. M. Cabantous prétend néanmoins qu'il se rencontre parfois trois degrés de juridiction, notamment « dans la plupart des cas où les préfets sont juges du contentieux administratif. » (1)

« En ce cas, répond M. Chauveau Adolphe, l'éminent doyen de la Faculté de droit de Toulouse, les prétendus jugements ou décisions des préfets peuvent en tout temps et en quelque forme que ce soit, être déférés aux ministres pour que ceux-ci rendent une véritable *décision*, seule susceptible d'être attaquée, par la voie de recours, dans les trois mois de la notification, devant le Conseil d'Etat.

« Si la partie s'en tient à l'arrêté du préfet, elle s'expose à voir rendre plus tard une décision contraire par le ministre, soit d'office, soit sur la réclamation de son adversaire, si celui-ci n'a pas acquiescé d'une manière formelle à l'arrêté. » (2)

Dès lors que l'arrêté préfectoral n'a point de force exécutoire par lui-même et qu'il la puise toute, soit

(1) *Répétitions écrites, sur le droit administratif,* Livre III, Titre 1er, N° 221.
(2) *Principes de compétence et de juridiction administratives,* Tome 1er, N° 1138 et Tome III, N° 1267.

dans la confirmation par le ministre, soit dans l'acquiescement des parties intéressées, il nous semble
évident que ce n'est, en réalité, qu'un acte préparatoi-
re, qu'un acte d'instruction. Le Conseil d'Etat l'a d'ailleurs jugé de la sorte en maintes circonstances.

Deux degrés de juridiction sont donc seuls admis-
sibles.

PARAGRAPHE III.

De la Juridiction Mixte ou Quasi-contentieuse.

SOMMAIRE.

21. Quelle est l'autorité qui connait de la juridiction mixte ou
quasi-contentieuse ?

21.— Il est des matières qui ne sont spécialement,
à proprement parler, ni *gracieuses* ni *contentieuses*,
mais qui tiennent le milieu entre les deux : ce sont
celles qu'on nomme *mixtes* (1) ou *quasi-contentieuses*
(2). Telles sont, par exemple :

1o Les autorisations de poursuites intentées contre
les agents du Gouvernement ;

2o Les recours comme d'abus ;

3o Les concessions de mines ;

4o Les prises maritimes ;

5o Les naturalisations et permissions aux étrangers
d'établir leur domicile en France ;

6o L'autorisation à certains établissements d'utilité
publique d'accepter des dons et legs ;

Et d'autres encore..........

(1) M. Chauveau, *Principes de compétence*, tome III, titre III,
No 1459; — M. Cabantous, *Répétitions écrites*, No 553.

(2) Cormenin, *Questions de droit*, tome 1er, page 34.

Les affaires qui rentrent dans cette catégorie ont généralement un caractère plus ou moins politique ; c'est pourquoi elles ne sont pas publiquement débattues. Voilà encore une exception au principe fondamental de la publicité des audiences.

Aux termes du décret du 30 janvier 1852, portant réglement intérieur du Conseil d'Etat, les diverses sections de ce conseil sont chargées de l'examen de ces affaires, sauf renvoi à l'assemblée générale pour qu'elle statue à son tour, s'il y a lieu.

CHAPITRE V.

La juridiction administrative contentieuse est une juridiction ordinaire.

SOMMAIRE.

22. La juridiction administrative contentieuse est *indépendante* de la juridiction judiciaire.

23. Elle n'est pas une juridiction *d'exception*.

22. — Nous avons établi, dans le chapitre précédent, que la juridiction administrative se divise en juridiction gracieuse, en juridiction contentieuse et en juridiction mixte ou quasi-contentieuse. Nous avons désigné, en outre, quels tribunaux connaissent des matières dépendant de la juridiction contentieuse. Mais il s'est élevé des doutes sur le point de décider si la justice administrative a été détachée de la justice judiaire ou si elle est, de sa nature, distincte de cette dernière.

Plusieurs auteurs lui refusent un caractère *séparé, exclusif,* et veulent qu'elle ait été, en principe, comprise dans la seconde.

Quant à nous, il nous semble que dès lors que la séparation des pouvoirs a été souverainement reconnue, une juridiction administrative s'est imposée par celà même et aussitôt.

Comment comprendre, en effet, un pouvoir que ne sanctionnerait aucune juridiction exclusivement propre? On n'aurait donc effectué qu'un pur *déclassement*, lorsqu'on a prononcé cette importante séparation? Si deux *véritables* pouvoirs ont été admis, au contraire, il est évident, à nos yeux, que chacun de ces deux pouvoirs possède, par voie de conséqence, sa juridiction spéciale.

Il ne paraît d'ailleurs guère possible de contester l'existence réelle de ces deux pouvoirs qui, par la force des choses, se manifestaient avant qu'on ne les adoptât solennellement. On ne les a pas créés, le 16 août 1790; on les a seulement affirmés. On a admis un fait certain, préexistant en dehors de toute reconnaissance, et on l'a proclamé. Si, à cette époque, on s'est tant déchaîné contre le pouvoir judiciaire, qui auparavant se mêlait beaucoup trop de l'administration et en entravait même parfois la marche, c'est principalement parce qu'on trouvait qu'il est d'une essence tout autre et que, dès lors, celle-ci n'a jamais pu dépendre du domaine de sa compétence.

23. — On doit donc, selon nous, repousser ces qualifications *d'exceptionnelle* et *d'extraordinaire* données souvent à la juridiction administrative. Nous la tenons pour aussi *ordinaire* et aussi *primitive* que la juridiction judiciaire, par la raison que les matières

composant les attributions de ces deux pouvoirs sont naturellement différentes. Nous ne saurions conséquemment partager l'opinion de M. Brun, lorsqu'il écrit : « Au nombre des lois qui *créent des exceptions* à la juridiction des tribunaux de première instance, et en première ligne, se trouvent les lois du 24 août 1790, titre II, art. 13 et du 16 fructidor an III, qui interdisent aux tribunaux de connaître des actes de l'administration, de quelque espèce qu'ils soient. » (1)

Nous éprouvons de la difficulté à admettre que ces textes législatifs aient *fondé* une *exception*; mais nous convenons qu'ils ont purement et simplement *consacré* ce qui nous paraît être les vrais principes. Aussi nous estimons-nous heureux de pouvoir invoquer, à l'appui de notre sentiment, celui d'un magistrat célèbre, M. Henrion de Pansey, qui affirme, dans son excellent ouvrage de l'*Autorité judiciaire en France*, que « si le juge ordinaire et territorial n'a pas le droit de connaître des affaires administratives, ce n'est pas qu'à cet égard sa compétence soit restreinte : *c'est qu'elle ne s'est jamais étendue jusque-là.* »

CHAPITRE VI.

Caractère de la juridiction administrative contentieuse.

SOMMAIRE.

24 La juridiction administrative contentieuse est à la fois *déléguée* et *réservée*.

25. La justice rendue par les tribunaux du premier degré est, en général, déléguée.

26. La justice rendue par le tribunal du second degré est complétement réservée.

24. — Une question qui n'est pas encore absolu-

(1) *Manuel des Conseillers de préfecture*, tome 1er, N° 39.

ment tranchée, est celle de savoir si la juridiction administrative contentieuse est *déléguée* ou *réservée*. Elle est l'un et l'autre, croyons-nous; et voici sur quels motifs repose notre assertion.

25. — Veut-on soutenir que les tribunaux administratifs du premier degré rendent une justice *réservée?* Nous répondrons qu'elle leur a été précisément *déléguée*, par les nombreuses lois qui les ont investis de leur juridiction. Nous admettons pourtant des exceptions à cette règle : lorsque, par exemple, le Conseil d'Etat a la connaissance de certaines affaires en premier et dernier ressort.

26. — Dit-on, d'un autre côté, que le Conseil d'Etat n'a, par lui-même, aucune juridiction *déléguée*, en ce sens que le Souverain donne force et valeur à ses arrêts par l'apposition de sa signature ? On est alors dans le vrai, et nous applaudissons.

« C'est bien là, enseigne, au sujet des arrêts du Conseil d'Etat, M. Cabantous, le savant professeur de droit administratif de la Faculté d'Aix, c'est bien là cette justice *retenue* ou *réservée* dont parlent quelques auteurs ; mais elle n'est que là, et on a tort de vouloir la chercher au sein des Conseils de préfecture et des autres tribunaux administratifs proprement dits. On a eu tort surtout, pour appuyer cette thèse, de supposer, par une interprétation abusive des textes constitutionnels, un prétendu principe fondamental qui tendrait à mettre les actes du pouvoir exécutif au-dessus des lois. » (1)

_____

(1) *Répétitions écrites*, Livre III, litre 1er, N° 220.

Comme on le voit, la juridiction administrative contentieuse réunit donc simultanément les deux caractères de *réserve* et de *délégation*. Devant les magistrats
du premier degré, la justice est *déléguée*, sauf exception;
en dernier ressort, au contraire, elle est entièrement
réservée.

CHAPITRE VII.

Des Décisions administratives contentieuses.

PARAGRAPHE 1er.

Formes des décisions contentieuses.

SOMMAIRE.

27. Les décisions administratives contentieuses sont ou provisoires, ou préparatoires, ou interlocutoires, ou définitives; contradictoires ou par défaut.

28 Le recours au Conseil d'Etat n'est point admis contre les
décisions préparatoires.

29. Exemples d'arrêtés contradictoires.

30. Exemples d'arrêtés par défaut.

31. Les arrêtés par défaut sont susceptibles d'opposition et
non de recours.

32. Le recours au Conseil d'Etat doit être formé dans le délai
légal.

33. Le Ministre ne peut se pourvoir, dans l'intérêt de la loi,
que quand les parties ont laissé expirer les délais d'appel.

34. Les Conseils de préfecture ont la faculté de statuer, par
un seul arrêté, sur une question contentieuse et sur une question de tutelle administrative.

35. Forme des décisions ministérielles.

36. Forme des décisions préfectorales.

37. Forme des décisions des Conseils de préfecture.

38. Les décisions des Conseils de préfecture doivent toujours
être motivées.

27. — Semblables aux arrêts et jugements de la ju-

ridiction judiciaire, les décisions administratives contentieuses peuvent être ou *provisoires*, ou *préparatoires*, ou *interlocutoires*, ou *définitives;* elles sont, de plus, *contradictoires* ou *par défaut.*

Comme on le sait, les décisions *provisoires* sont celles par lesquelles les juges statuent sur une question se rattachant à l'action principale, mais qui cependant offre un certain caractère d'urgence.

On appelle décisions *préparatoires,* celles qui ont pour but d'ordonner des mesures propres à provoquer une prompte solution du litige.

Sont *interlocutoires* les décisions qui, sans toucher au fond du procès, laissent néanmoins préjuger quelle sera son issue.

On entend par décisions *définitives,* celles qui mettent fin aux débats.

Les décisions sont *contradictoires,* lorsqu'elles interviennent après que chaque partie a présenté ses observations.

Elles sont, au contraire, *par défaut,* si une des parties ne les a point communiquées.

28.— Le recours au Conseil d'Etat contre les décisions *préparatoires* n'est pas recevable (7 juillet 1863: *Ville de Paris;* 7 avril 1864 : *Ville de Niort;* 15 décembre 1864 : *Marcellin*). (1)

Mais il est admis contre les arrêtés *interlocutoires,* *contradictoires* et *définitifs.*

_____

(1) Les arrêts du Conseil d'Etat, cités dans le cours de cette *Etude,* sont généralement extraits, à leur date, de l'excellent Recueil publié par MM. Félix Lebon et Hallays-Dabot.

29. — Un arrêté du Conseil de préfecture est considéré comme *contradictoire*:

1o Quand il vise les mémoires et défenses de la partie qui réclame (4 avril 1837 : *Roberjot et de St.-Ildephonse)*;

2o Quand il ressort des documents produits que la partie a connu les moyens de l'adversaire et qu'elle s'est défendue (11 mars 1830 : *de Torcy)*;

3o Bien que les mémoires aient été envoyés au préfet et non au Conseil de préfecture, lorsque ce magistrat les y a fait parvenir (26 février 1840 : *de Marcieu contre M. le Ministre des travaux publics)* ;

4o Lorsque, sur une réclamation de subvention spéciale, un contribuable a désigné un expert pour procéder à l'expertise avec l'expert nommé par le préfet (13 février 1862 : *de Pérusse d'Escars)*.

Il est constant toutefois qu'une lettre adressée au sous-préfet ne rendrait pas *contradictoire* la décision du Conseil de préfecture qui interviendrait ensuite (24 décembre 1828 : *Ratérion)*.

30.— L'arrêté est *par défaut* :

1o Lorsque la partie, bien qu'invitée à se défendre, n'a fourni aucune observation (19 décembre 1821 : *Aurenque)* ;

2o Quand les défenses ont été produites par un tiers, en qualité de fondé de procuration, et que les pouvoirs qu'il allègue sont désavoués et mal établis (8 février 1833 : *Lebœuf de Brasseuse);*

3o Lorsque la partie a été représentée par un expert désigné d'office, qu'elle n'a point comparu à l'expertise et qu'elle ne s'est point défendue devant le Conseil de préfecture (30 novembre 1862 : *Bélin* ; 14 mars 1863 : *Compagnie des hauts fourneaux, fonderies et forges de la Franche-Comté* ; 19 juin 1863 : *Nizerolles* ; 2 septembre 1863 : *Litaud* ; 15 février 1864 : *Compagnie des hauts fourneaux de la Franche-Comté*) ;

4° Lorsqu'une expertise a été ordonnée sans que la partie ait été appelée et entendue (31 août 1863: *Cosson*) ;

5° Lorsque le défendeur n'a pas été engagé à fournir ses observations en défense, alors même qu'antérieurement il aurait protesté contre une sentence mettant à sa charge les obligations objet de la contestation (7 juillet 1863 : *Escarraguiel*).

31. — C'est seulement par la voie de l'opposition, et non par celle du recours au Conseil d'Etat, que l'on peut se pourvoir contre les arrêtés *par défaut* rendus par les Conseils de préfecture (30 juillet 1863 : *Legris* ; 31 août 1863 : *Dupuy*).

32. — Le Conseil d'Etat rejette irrévocablement tout recours non formé dans les délais légaux (28 mai 1862 : *Election d'Orgelet* ; 10 juillet 1862 : *Commune de Vaudes*).

La non recevabilité du recours principal entraîne conséquemment celle du recours incident (16 avril 1863: *veuve Guibert*).

Toute requête introductive de pourvoi au Conseil d'Etat n'est point admise, si elle ne renferme ni l'exposé des faits, ni l'énonciation des moyens sur lesquels elle se base (13 juillet 1864 : *Magniel*).

33. — La question de savoir si les Ministres sont

recevables à soumettre au Conseil d'Etat des pourvois *dans l'intérêt de la loi*, tant que les décisions qui en font l'objet sont encore susceptibles d'être déférées utilement à ce conseil, dans les délais prescrits, par les parties intéressées, a été résolue *négativement* (18 février 1864: *Peillon, Deboras et autres*).

34.— Un conseil de préfecture a-t-il la faculté de statuer, par un *seul* arrêté, sur deux questions dont l'une contentieuse et l'autre concernant la tutelle administrative? L'affirmative a été décidée (10 juillet 1862 : *Ville d'Auxonne*).

Un Conseil de préfecture ne peut se dispenser d'apprécier un chef de réclamation, par cela seul qu'il n'a pas été mentionné dans la demande primitive, alors que ce chef a été examiné par les experts et qu'il a été expressément formulé dans les observations écrites du réclamant (22 février 1866 : *Demoiselles Pérès contre Compagnie du chemin de fer du Midi*).

35.— Les décisions administratives ne sont généralement assujetties à aucune formalité rigoureuse. Tous les auteurs s'accordent à blâmer cet état de choses, vraiment déplorable, quand on songe que souvent une décision consiste en un simple *approuvé* mis au bas d'un rapport.

Voici ce qu'écrit, dans ses *Etudes administratives*, au sujet des décisions contentieuses des Ministres, un homme compétent, M. Vivien : « Les décisions ministérielles sont rendues dans des formes très-différentes et ne portent pas toujours le signe de l'autorité que s'y attache.

« Tantôt un subordonné fait un rapport au Ministre,
qui y donne son approbation par sa signature, quelquefois par un simple paraphe. Tantôt le Ministre
prononce par un seul mot le rejet de la demande. On
en informe l'intéressé par l'intermédiaire d'un subordonné ou directement par une lettre qui lui apprend
simplement que sa réclamation n'a pas été accueillie.
Ni considérant, ni dispositif, rien qui indique un acte
de juridiction. »

36.— Les arrêtés des préfets revêtent plus particu-
lièrement quelques formes sacramentelles, quoique
pourtant elles ne soient pas davantage expressément
exigées.

37.— Quant aux arrêtés des Conseils de préfecture,
ils sont rendus, à la vérité, d'une manière assez uniforme. Il importe qu'ils soient motivés; mais ils présentent néanmoins, à cet égard, des irrégularités graves et fréquentes au point que, par une circulaire du
4 juillet 1856, M. le Ministre de l'Intérieur appelle à
ce sujet l'attention de MM. les Préfets : « Plusieurs
Conseils de préfecture, leur mande-t-il, persistent encore à ne pas motiver leurs décisions. Les uns se bor-
nent à viser les avis, parfois contradictoires, exprimés
dans l'instruction des affaires, sans se référer expressément à ces avis ou à l'un d'eux. D'autres ont cru devoir
fondre en une seule phrase les motifs et le dispositif
dans la formule suivante: « Le Conseil adopte les conclusions du Directeur. »

« Je dois ajouter que la formule tolérée par le Conseil d'Etat (« Le Conseil, adoptant les motifs exprimés

4.

dans l'avis du Directeur, arrête : la demande du sieur....... est....... ») ne devrait être employée que dans le cas où il n'existe pas de difficulté réelle, de droit ou de fait, et peut-être même exclusivement lorsque la décision, conforme à la fois à la demande du contribuable et aux avis exprimés dans l'instruction, n'est pas de nature à donner lieu à un recours.

« Or, non seulement un grand nombre de Conseils de préfecture font usage de cette formule dans presque tous les cas, mais plusieurs n'écrivent pas même cette partie de leur décision, et n'expriment ce motif banal que par l'application d'un timbre, lorsque la formule ne se trouve pas imprimée d'avance. » (1)

38.— Le Conseil d'Etat annule toujours rigoureusement les décisions contentieuses des Conseils de préfecture non motivées (8 septembre 1864 : *Mignot*).

Il agit de même quand l'arrêté se borne à s'en référer aux conclusions du Commissaire du Gouvernement, sans énoncer les raisons données à l'appui de ses conclusions (7 septembre 1864 : *Sénéchault;* 9 septembre 1864 : *Gourdineau*).

On saisit aisément toute l'importance qu'il y a à ce que les Conseils de préfecture produisent au grand jour les motifs qui les ont déterminés dans leurs décisions ; il ne doit être douteux pour personne que la justice et non l'arbitraire les a seulement dirigés. Ce n'est pas assez que justice soit rendue, a dit Bentham ; il faut, de plus, qu'elle le paraisse.

---

(1) *Bulletin officiel du Ministère de l'intérieur*, année 1856, page 155.

PARAGRAPHE II.

Les décisions administratives contentieuses ne sont, en général, revêtues ni de l'Intitulé, ni du Visa, ni du Mandement.

SOMMAIRE.

39. Les décisions contentieuses ne sont généralement revêtues ni de *l'intitulé*, ni du *visa*, ni du *mandement*.

40. Exception en ce qui concerne les arrêtés des Conseils de préfecture.

41. Les arrêts du Conseil d'Etat sont rendus dans la forme des décrets impériaux.

39. — Les décisions administratives contentieuses sont exécutoires bien que dépourvues, en général, *d'intitulé*, de *visa* et de *mandement*. Aucun texte législatif n'exige, en effet, qu'elles soient revêtues de ces formules.

La loi du 29 floréal an X ordonne positivement que les arrêtés des Conseils de préfecture « seront exécutés sans *visa* ni *mandement* des tribunaux, nonobstant et sauf tout recours. » Le 5 février 1826, les Comités réunis du Contentieux et de l'Intérieur ont été d'avis qu'il n'est point à propos de joindre à ces mêmes arrêtés *l'intitulé* ni le *mandement* qui sont indispensables pour les arrêts des cours et tribunaux, parce que « la juridiction administrative exercée par les Conseils de préfecture et celle qui appartient aux cours et tribunaux formant deux ordres de juridiction essentiellement distincts dans leur contexture et leur objet, il y aurait inconvénient à assimiler les formules employées dans les jugements qui émanent de l'un et de l'autre. »

Ces motifs s'appliquent évidemment aux décisions rendues par les autres tribunaux de l'administration.

40.—Toutefois, le décret impérial du 31 mai 1862, relatif au réglement sur la *Comptabilité publique*, porte, à son article 434, que les expéditions exécutoires des arrêtés des Conseils de préfecture seront rédigées ainsi qu'il suit :

« Napoléon, par la grâce de Dieu et la volonté nationale, Empereur des Français, à tous présents et à venir, salut.

« Le Conseil de préfecture du département de......... a rendu l'arrêté suivant :

« (ici copier l'arrêté.)

« Mandons et ordonnons, etc.... etc.....

« En foi de quoi le présent arrêté a été signé par les membres du Conseil de préfecture. »

« Le secrétaire-général de la préfecture signe et délivre les expéditions des arrêtés du Conseil de préfecture. »

C'est aujourd'hui au secrétaire-greffier qu'incombe le soin de la délivrance des expéditions.

41.—Quant aux arrêts du Conseil d'Etat, qui revêtent la forme des décrets, nous avons eu occasion de constater plus haut, que c'est dans l'approbation du Chef du Pouvoir exécutif qu'ils puisent toute leur souveraineté.

PARAGRAPHE III.

Les décisions administratives contentieuses emportent hypothèque et contrainte par corps.

SOMMAIRE.

42. Les décisions administratives contentieuses produisent les mêmes effets que les jugements des tribunaux judiciaires.

43. Les contraintes décernées par l'administration des Douanes et des Contributions indirectes entraînent hypothèque.

44. Il n'en est pas de même de celles décernées par la régie de l'Enregistrement.

42. — Les décisions administratives rendues au con-

tentieux sont, comme celles des tribunaux de l'ordre judiciaire, de véritables jugements emportant hypothèque et contrainte par corps. C'est ce que déclare formellement l'article 4 de la loi du 29 floréal an X; et, quoique cette loi ne soit relative qu'aux contraventions de grande voirie et qu'elle ne mentionne que les Conseils de préfecture, il n'est point douteux que la disposition de cet article ne s'étende aussi à toutes sortes de décisions contentieuses.

De plus, un avis du Conseil d'Etat, en date du 16 thermidor an XII, après avoir admis que les actes provenant des juges administratifs doivent produire les mêmes effets et obtenir la même exécution que ceux des tribunaux civils, constate, d'une façon générale, que « les condamnations et les contraintes émanées des administrateurs, dans les cas et pour les matières de leur compétence, emportent hypothèque de la même manière et aux mêmes conditions que celles de l'autorité judiciaire. »

43. — Le 12 novembre 1811, un autre avis du Conseil d'Etat déclare qu'une inscription hypothécaire peut être prise en vertu de contraintes décernées par l'administration des Douanes, en exécution de l'article 32 de la loi des 6—22 août 1791, concernant le tarif des droits d'entrée et de sortie. (1)

Enfin, le 7 août 1829, la cour de Lyon confirme un jugement du tribunal de Trévoux, attendu que les contraintes que décerne l'administration des Contributions indirectes contre les redevables emportent hypothèque

_____

(1) Duvergier, *Collection des Lois*, tome XVIII, page 45.

sur les biens de ces derniers, tout comme les condamnations prononcées par les tribunaux de l'ordre judiciaire. (1)

44. — La Cour de cassation a toutefois jugé, le 28 janvier 1828, qu'il n'en est nullement ainsi relativement aux contraintes décernées par la régie de l'Enregistrement et des Domaines pour parvenir au paiement des droits dont la perception lui est confiée : ces contraintes n'entraînent pas hypothèque. (2)

Nous concluons, en conséquence, de ce qui précède, que les contraintes décernées par les administrations emportent généralement hypothèque.

PARAGRAPHE IV.

Les Tribunaux administratifs connaissent de l'exécution de leurs décisions.

SOMMAIRE.

45. Les juges du contentieux administratif connaissent de l'exécution de leurs arrêtés.

45.— Un grand nombre d'auteurs voulant absolument que la juridiction administrative soit tout exceptionnelle, prétendent que les juges de l'administration ne peuvent connaître de l'exécution de leurs décisions et que, hormis les seuls cas formellement exceptés, les difficultés qui surgissent à cette occasion sont de la compétence des tribunaux judiciaires.

Nous ne saurions trop élever notre faible voix contre

(1) Sirey, 1829, II⁰ partie, page 339.
(2) Sirey, 1828, I⁰ partie, page 126.

cette prérogative si complaisamment accordée à l'autorité judiciaire. Nous estimons, au contraire, avec MM. Chauveau (1) et Cabantous (2), que les juges administratifs ont en général la connaissance de l'exécution de leurs arrêtés, à moins que cette exécution ne touche à des matières rentrant exclusivement dans le domaine de la justice purement judiciaire.

PARAGRAPHE V.

Les décisions administratives sont provisoirement exécutoires nonobstant appel.

SOMMAIRE.

46. Le recours contre les décisions administratives contentieuses n'est pas suspensif.
47. Privilège de l'Administration.
48. Condamnation de l'Etat aux dépens d'une instance.
49. Le Conseil d'Etat seul a la faculté d'accorder un sursis aux justiciables.
50. Sollicitude du Conseil d'Etat pour les intérêts des particuliers.

46.— De même que l'essence des deux juridictions administrative et judiciaire est tout-à-fait distincte, de même le caractère de l'appel ou du recours en cassation diffère complétement aussi dans les deux juridictions.

En effet, l'article 457 du Code de procédure civile veut qu'en droit commun l'appel des jugements soit suspensif, si le jugement ne prononce pas l'exécution

(1) *Principes de compétence*, t. 1er, page 208.
(2) *Répétitions écrites*, N° 399.

provisoire dans les circonstances où elle est permise ; tandis qu'en ce qui concerne les décisions administratives, le recours au Conseil d'Etat n'aura point d'effet suspensif, s'il n'en est autrement ordonné, dit l'article 3 du décret réglementaire du 22 juillet 1806.

47.— Toutefois, atteste M. Cotelle, dans son *Cours de droit administratif appliqué aux travaux publics*, « le droit qu'a l'Administration, partie dans un litige, de suspendre l'exécution des décisions rendues contre elle par les Conseils de préfecture, lorsqu'elle s'est pourvue au Conseil d'Etat, est un privilège dont seule elle jouit; car le pourvoi formé par les particuliers n'a d'effet suspensif qu'autant que le Conseil d'Etat aura fait droit à sa demande formelle d'obtenir un sursis. »

48.— Avant le décret impérial du 2 novembre 1864, on ne pouvait, en Conseil d'Etat, prononcer des dépens au profit ou à la charge des administrations publiques. Cette situation était, à tous égards, anormale et choquante; elle réclamait une prompte modification. Aussi, à l'occasion d'une affaire (*Ville de Ham*) qui vint devant ce Conseil le 16 décembre 1863, M. le Commissaire du Gouvernement Robert adressa-t-il vigoureusement à cette jurisprudence malencontreuse des reproches mérités. On peut lire, dans le *Recueil* si complet des arrêts du Conseil d'Etat publié par MM. Lebon et Hallays-Dabot, année 1863, page 807, l'analyse des observations présentées par M. le Commissaire du Gouvernement.

On ne saurait trop rendre hommage à la conviction et au talent avec lesquels M. Robert développa ses conclusions substantielles. Néanmoins elles ne furent point adoptées. Elles étaient cependant dignes d'un meilleur sort. Toutefois, elles ont produit leur fruit, car le décret sus mentionné du 2 novembre les a consacrées.

« Les articles 130 et 131 du Code de procédure civile (1), porte l'article 2 de ce décret, sont applicables dans les contestations où l'administration agit comme représentant le domaine de l'Etat et dans celles qui sont relatives soit aux marchés de fournitures, soit à l'exécution des travaux publics, aux cas prévus par l'article 4 de la loi du 28 pluviôse an VIII. » Un mois et demi plus tard, le Conseil d'Etat a fait l'application de cette équitable disposition (16 décembre 1864 : *Nercam*). C'est aujourd'hui une question vidée.

49.— Le Conseil d'Etat conserve la faculté d'accorder aux justiciables un sursis dans des circonstances exceptionnelles. Il résulte même d'une circulaire ministérielle que, « lorsqu'il n'y a point urgence, il peut être opportun, dans certains cas, de ne pas faire exécuter immédiatement les décisions frappées d'appel ou soumises à la censure de l'autorité supérieure. En conséquence, s'il n'y a pas d'empêchement particulier, un préfet peut suspendre l'exécution d'un de ses arrêtés attaqués devant le Conseil d'Etat pour excès de

(1) Art. 130. « Toute partie qui succombera sera condamnée aux dépens. »

Art. 131. « Pourront néanmoins les dépens être compensés, en tout ou en partie, entre conjoints, ascendants, descendants frères et sœurs, ou alliés au même degré : les juges pourront aussi compenser les dépens en tout ou en partie, si les parties succombent respectivement sur quelques chefs. »

pouvoirs, jusqu'à ce que ce Conseil ait statué sur le pourvoi. » (1)

Il ne faudrait pas inférer de là que le Préfet ou même le Ministre pût accorder le sursis à la suite d'un arrêté de Conseil de préfecture; ce serait une grossière erreur. Ce Conseil lui-même n'aurait pas ce pouvoir, qui appartient au Conseil d'Etat seul.

Devrait-on considérer comme acquiescement à un arrêté attaqué de Conseil de préfecture un sursis à une exécution demandé à ce conseil, bien qu'il n'ait pas, ainsi que nous venons de l'observer, la possibilité d'en connaître ? Non. (20 mars 1862 : *Compagnie Grenobloise d'éclairage au gaz).*

50. — On conçoit aisément que les lenteurs qui environnent la procédure devant les tribunaux judiciaires, lenteurs qui, au dire de plusieurs, offrent une certaine garantie de bonne justice, ne conviennent nullement aux affaires administratives dont l'urgence est un des principaux caractères.

Et quand on parle de bonne justice, est-il d'ailleurs un tribunal de l'ordre judiciaire qui décide avec plus d'indépendance que les tribunaux de l'administration et spécialement que le Conseil d'Etat ? Qu'on en juge par un récent exemple :

Le 20 juin 1864, la Cour de cassation, s'appuyant sur l'Edit de décembre 1607, (2) a décidé solennellement

---

(1) *Bulletin officiel du Ministère de l'intérieur,* année 1858, page 197.

(2) Edit de décembre 1607 :........ « Comme aussi nous deffendons à tous nosdits sujets de la dite ville, fauxbourgs, prévosté et vicomté de Paris et autres villes de ce royaume, faire aucun

qu'un propriétaire non autorisé ne possède le droit de
faire aucune réparation à son immeuble retranchable
pour cause d'élargissement d'une voie publique, alors
même que cette réparation s'effectuerait non pas seulement sur le mur faisant face à la rue, mais encore
sur diverses parties de l'immeuble sujet à retranche-
ment qui ne donnent point sur la voie dont l'élargissement a été arrêté par l'adoption d'un plan. (1)

Eh bien, le Conseil d'Etat est-il, lui, aussi large, aussi
généreux en faveur de la chose publique ? On serait
peut-être tenté de supposer qu'il l'est davantage. On va
considérer combien il est, au contraire, gardien plus
soucieux, plus scrupuleux des intérêts privés.

édifice, pan de mur, jambes, estriers, encoigneures, caves ny
caval, forme ronde en saillie, siéges barrières, contre-fenestres,
huis de caves, bornes, pas, marches, siéges, montoirs à cheval,
auvents, enseignes, establies, cages de menuiserie, chassis à ver-
re et autres avances sur la dite voyrie, sans le congé et allignement
de nostredit grand-voyer ou desdits commis, pour quoy faire
nous luy avons attribué et attribuons la somme de soixante sols
tournois. Et après la perfection d'iceux, seront tenus lesdits particuliers d'en avertir ledit grand-voyer ou son commis, afin qu'il
recolle lesdits allignements et reconnaisse si lesdits ouvriers auront travaillé suivant iceux, sans toutefois payer aucune chose
pour ledit recollement et confrontation. Et où ils se trouveroient
qu'ils auroient contrevenu auxdits allignements seront, lesdits particuliers, assignez par devant le prévost de Paris ou son lieute-
nant, pour voir ordonner que la besongne mal plantée sera abat-
tue, et condamnez à telle amende que de raison, applicable
comme dessus. »

(1) Sirey, année 1864, 1er partie, page 428.— « Par l'arrêt
solennel que nous recueillons actuellement, observe en note
l'Arrêtiste, la Cour de cassation paraît bien restreindre la nécessité de la démolition au cas où les travaux ont été exécutés dans
la partie retranchable d'un terrain ou d'un bâtiment joignant la
voie publique, *mais elle la déclare indépendante du caractère
confortatif ou non confortatif de ces travaux.* On sait que la
jurisprudence du Conseil d'Etat est établie en *sens contraire* sur
ce dernier point. »

Un particulier ayant construit, sans autorisation, un hangar sur une partie retranchable, ce conseil a déclaré, le 3 juin 1858, qu'il n'était nullement en contravention, puisqu'il n'avait en rien consolidé le *mur de face*. (1)

Ne serait-on pas volontiers porté à croire que la Cour de Cassation a rendu l'arrêt de 1858, tandis que celui de 1864 émanerait du Conseil d'Etat ? C'est cependant l'inverse qui a eu lieu, ainsi qu'on se trouve facilement à même de s'en convaincre.

« Où peut-on, s'écrie, au sujet de l'arrêt précité de la Cour de Cassation, M. le professeur Chauveau, puiser un droit aussi exorbitant en faveur de la chose publique ? Pour frapper ainsi la propriété d'une servitude aussi onéreuse, il faudrait une loi plus claire que le jour, et tout le monde sait quelle est la vieille obscurité de notre législation sur la petite voirie. On est obligé d'avoir recours à l'édit de décembre 1607 et M. le procureur général (M. Dupin) a cru pouvoir invoquer les passages des lois romaines : *Ne urbs ruinis deformetur..... ne quid in loco publico fiat.* Ces dispositions fort sages ne pouvaient recevoir aucune application, parce qu'il ne s'agit pas de déshonorer la ville ou de faire quelque chose sur la voie publique, de la part de celui qui construit ou répare chez lui sans toucher à son mur de face. Quant à l'édit de 1607, il n'avait évidemment pour but que les constructions faisant face à la voie publique, et le système des parties retranchables par suite de plans dressés *a priori*, dont la création ne remonte qu'à 1807, était inconnu deux siècles auparavant. » (2)

_____

(1) Sirey, 1859, IIe partie, page 261.

(2) *Journal du droit administratif,* tome XIII, (de la collection), page 230.

Lequel de ces deux Corps éminents a sauvegardé plus efficacement, dans l'espèce, la propriété des citoyens ?.... Mais ce n'est pas la seule fois que le Conseil d'Etat a donné des preuves manifestes de son respect pour les droits de la propriété : une foule d'arrêts en font foi, notamment ceux des 5 avril 1862: *Lebrun* et 10 février 1865 : *Sanmartin.*

« La jurisprudence du Conseil d'Etat, soutient M. le Commissaire du Gouvernement L'Hôpital, dans des observations remarquables présentées à l'occasion de cette dernière affaire, la jurisprudence du Conseil d'Etat s'est toujours inspirée, mais elle s'inspire plus évidemment encore aujourd'hui (qu'il nous soit permis [de le dire) d'un respect toujours croissant du droit privé, du droit de propriété. C'est sous l'empire de ces idées qu'en matière de voirie municipale, elle n'a pas craint d'apporter un changement considérable aux traditions de l'administration, alors que, par le décret Lebrun, elle a interdit au maire de se passer de son conseil municipal et de l'autorité supérieure pour procurer à lui seul des élargissements de la voie publique, sans souci ni des droits privés, ni peut-être des convenances ou des finances de la commune elle-même. Par là, le Conseil d'Etat n'a aucunement violé les principes du droit administratif; il n'a compromis en rien l'intérêt public. Tout au contraire. Sans affaiblir le pouvoir de l'administration, il l'a mis là où il doit être. Il a protégé contre la movibilité d'une volonté individuelle, non seulement les propriétaires riverains, mais les communes, les communes non seulement au point de vue de leurs

finances, mais aussi au point de vue de leur voirie,
dont le système veut être étudié avec suite, arrêté avec
ensemble par qui de droit. Oui, le Conseil d'Etat se
préoccupe des droits et des intérêts de la propriété.
Non, le Conseil d'Etat ne déserte pas les droits de l'administration, ni les intérêts publics. Et ce n'est pas sans
un véritable étonnement que nous voyons, dans les plus
sérieuses publications de droit administratif, des jurisconsultes entre les plus autorisés et les plus éminents,
faire au Conseil d'Etat, en termes souvent peu mesurés,
un grief de cette tendance qui devrait être surtout la
leur, de ce respect du droit privé dont ils sont plus que
nous les organes naturels, de cet esprit de conciliation
qui honore l'administration et la sert en l'honorant.» (1)

Il est certain, comme on le remarque, que cette
justice administrative si souvent critiquée mais néanmoins si impartiale, quoiqu'elle ait cependant pour
principale mission de « faire prévaloir, au besoin, l'é-
quité et l'intérêt de l'Etat, qui est l'intérêt de tous, sur
les dispositions inflexibles et plus étroites de la législation positive, » remplit son but avec intelligence, et
témoigne, dans l'occasion, de toute sa bienveillante
sollicitude pour l'intérêt des particuliers qui font appel
à ses équitables mais fermes décisions.

CHAPITRE VIII.

Du Tribunal de droit commun en ma-
tière administrative.

SOMMAIRE.

51 Quel est le tribunal ordinaire du contentieux de l'administration ?

51. — La juridiction administrative a son tribunal

(1) Sirey, 1865, IIᵉ partie, page 355.

ordinaire et ses tribunaux *d'exception* ; mais il s'en faut de beaucoup que la doctrine soit d'accord pour désigner le tribunal de droit commun. Sont-ce les Conseils de préfecture ? Sont-ce lès Ministres ? Quelques auteurs opinent pour ceux-ci, d'autres pour ceux-là.

Quant à nous, après avoir mûrement réfléchi et attentivement étudié cette intéressante question, nous croyons devoir attribuer cette qualification aux Ministres.

Nous allons succinctement exposer d'ailleurs les raisons sur lesquelles reposent l'une et l'autre opinions.

PARAGRAPHE 1er.

Système de ceux qui soutiennent que les Conseils de préfecture sont juges ordinaires du contentieux administratif.

SOMMAIRE.

52. Intention du Législateur de l'an VIII.
53. Décret du 6 décembre 1813.

52. — Il est hors de doute que les Législateurs de l'an VIII, frappés des abus qui se commettaient à la suite de la double fonction de juge et d'administrateur exercée par les ministres et les premiers magistrats des départements, voulurent pour y remédier, instituer un tribunal qui serait investi de tout le pouvoir contentieux que ces fonctionnaires détenaient entre leurs mains.

Voici, du reste, comment s'exprimait Rœderer, rapporteur de la loi du 28 pluviôse :

« Remettre le contentieux de l'administration à un Conseil de préfecture a paru nécessaire pour ménager au préfet le temps que demande l'administration ; pour garantir aux parties qu'elles ne seront point jugées sur des rapports et sur des avis de bureaux ; pour donner tout à la fois à l'intérêt particulier et à l'intérêt public la sûreté qu'on ne peut guère attendre d'un jugement rendu par un seul homme : car cet administrateur, qui balance avec impartialité les intérêts collectifs, peut se trouver prévenu et passionné lorsqu'il s'agit de l'intérêt d'un particulier, et être sollicité par ses affections et ses haines personnelles à trahir l'intérêt public et à blesser les droits des particuliers. » (1)

A ne tenir compte que de l'intention nettement formulée des Législateurs d'alors et à ne consulter que le sens très-clair de l'Exposé des motifs, il est évident que les Conseils de préfecture étaient destinés à devenir les juges ordinaires du contentieux administratif.

52. — Il y a plus ; un décret impérial du 6 décembre 1813 porte textuellement ce qui suit :

« Napoléon.... ,

« Vu la requête du sieur Leseigneur et de dame veuve d'Hérici, tendant à ce qu'il nous plaise annuler un arrêté du préfet du département de la Seine-Inférieure du 27 août 1812, homologatif du rapport des experts chargés d'estimer le prix de la location annuelle des halles et foires de la commune de Doudeville ;

« Vu le dit arrêté ;

« Vu la requête en réponse du maire de la commune de Doudeville ;

(1) Exposé des Motifs de la loi du 28 pluviôse an VIII.

« Ensemble toutes les pièces respectivement produites dans cette affaire ;

« Considérant que, d'après la loi du 28 pluviôse an VIII et autres lois postérieures, le préfet est seul chargé de l'administration et que dès lors il doit seul statuer sur toutes les matières qui sont purement d'administration ; *mais que les Conseils de préfecture sont institués pour prononcer sur toutes les matières contentieuses; qu'ainsi la compétence de chacune de ces deux autorités doit se déterminer d'après la nature ou contentieuse ou purement administrative (1) de la question proposée ;*

« Considérant, dans l'espèce particulière, qu'à la vérité le préfet avait le droit d'approuver l'expertise, si les parties eussent été respectivement d'accord ; mais que puisqu'il existait au contraire un débat entr'elles sur les bases de l'estimation, il aurait dû renvoyer l'examen de cette question contentieuse au Conseil de préfecture ;

« Notre Conseil d'Etat entendu,

« Nous avons décrété et décrétons ce qui suit :

« Article 1er. L'arrêté du préfet du département de la Seine-Inférieure du 27 août 1812 est annulé pour cause d'incompétence, et les parties sont renvoyées devant le Conseil de préfecture du même département. » (2)

Tels sont les principaux textes, auxquels d'ailleurs se sont conformées plusieurs décisions du Conseil d'E-

_____

(1) C'est-à-dire : *gracieuse.*
(2) Duvergier, *Collection des Lois*, t. XVIII, p. 390.

tat, sur lesquels se fondent un grand nombre d'auteurs pour déclarer que les Conseils de préfecture constituent le tribunal de *droit commun* de l'Administration, tandis que les Ministres ne jugent qu'*exceptionnellement*. Cette opinion est notamment embrassée par MM. de Cormenin (1), Macarel (2), Foucart (3), Brun (4), Dubois de Niermont (5) et autres.....

PARAGRAPHE II.

Réfutation de ce Système.

SOMMAIRE

54. Le but du projet de loi de l'an VIII a été manqué.
55. L'autorité du décret de 1813 est, en ce cas, fort contestable.
56. Il en est de même de certains arrêts du Conseil d'Etat.

54. — Nous aurions, il faut le reconnaître, mauvaise grâce à chercher à soutenir que le 28 pluviôse on n'a pas réellement eu l'intention de charger les Conseils de préfecture de tout le contentieux administratif du premier degré. Plusieurs sérieuses raisons confirment pleinement cette assertion : tant les abus qu'il importait de redresser et auxquels on avait justement à cœur de porter remède, que les propres expressions de l'Exposé des motifs qui ne permettent aucun doute à cet égard.

Mais l'intention, même la plus incontestable, du Législateur, prévaut-elle et peut-elle prévaloir sur la dis-

---

(1) *Questions de droit*, t. 1er, p. 247.
(2) *Tribunaux administratifs*, N° 44.
(3) *Droit public et administratif*, t. III, N° 359.
(4) *Manuel des Conseillers de préfecture*, t. 1er, N° 39.
(5) *Organisation des Conseils de préfecture*, N° 5.

position législative? Nous ne le pensons pas. Si nous concevons, en effet, que l'Exposé des motifs d'une loi projetée, que le rapport de la Commission chargée d'étudier cette loi, et enfin que la discussion devant les Chambres doivent être pris en puissante considération, lorsqu'il s'agit d'interpréter plus tard le vrai sens de ce texte législatif plus ou moins obscur ou donnant lieu à des difficultés d'application; il nous paraît, en revanche, excessif d'admettre que, si cette loi, claire dans ses termes, ne renferme aucune expression équivoque ou ambigüe, on puisse préférer le simple projet à l'œuvre une fois terminée et nettement formulée.

Remettre le contentieux de l'Administration aux Conseils de préfecture, tel était incontestablement le but proposé. Mais a-t-il été atteint? Oh non certes. Qu'a donc fait la loi du 28 pluviôse? Elle a désigné spécialement et nominativement les diverses matières dont ces conseils auront la connaissance. Elle s'est arrêtée là.

Mais, assure-t-on, cette énumération n'est en rien *limitative*; elle est seulement *attributive*.

Nous ne saurions nous placer à ce point de vue; car, à notre sens, quand on attribue tel ou tel pouvoir déterminé à une autorité, de même qu'à un simple particulier, on n'est point admis à induire que l'attribution est générale, absolue, universelle. Loin de là, nous la tenons, au contraire, pour essentiellement restreinte, par la seule raison qu'on a précisément pris soin d'établir une énumération.

Cette loi de l'an VIII ajoute-t-elle qu'elle confère aux

Conseils de préfecture la compétence de tout le contentieux administratif? Pas le moins du monde. Et il eût cependant coûté si peu d'insérer un article contenant ces dix mots : « Les Conseils de préfecture sont juges ordinaires du contentieux administratif, » Elle n'a pourtant pas trouvé à propos de le faire.

Le texte ne renferme donc pas une disposition expresse ; mais en manifeste-t-il au moins une implicite ? Pas davantage. Dès lors, pourquoi lui accorder une signification qu'il ne comporte point ? Ce qui était en projet, si l'on veut, mais enfin ce qu'il n'a nullement réalisé ?

En présence de ce silence absolu de la loi votée, l'intention projetée ne sert franchement qu'à permettre d'apprécier combien il était urgent de modifier l'état de la situation et d'y remédier radicalement. Mais, l'Exposé des motifs de la loi de pluviôse étant donné, il semble à nos yeux de toute impossibilité d'y voir autre chose qu'un projet sainement conçu qui n'a point abouti.

55.— Maintenant, quant au décret du 6 décembre 1813, nous répondrons :

1º Ce décret a été rendu en Conseil d'Etat dans une espèce particulière, et, par suite, il est totalement impuissant à réglementer la matière d'une façon générale ;

2º Bien qu'inséré au Bulletin des Lois, sa nature reste néanmoins la même, et son insertion n'a pas eu pour résultat de lui conférer la valeur des règlements d'administration publique.

56. — Opposera-t-on, en dernier lieu, plusieurs arrêts par lesquels le Conseil d'Etat incline à reconnaître
aux Conseils de préfecture une compétence absolue et
non pas seulement d'attribution ? Nous alléguerons,
nous, que ces décisions sont peu nombreuses, qu'elles
nous paraissent contraires aux vrais principes, et que
ces mêmes principes doivent toujours conserver leur
énergie.

L'intention la plus certaine, la moins contestable,
corroborée d'ailleurs par des décisions et des décrets,
ne peut ébranler la force d'un texte législatif formel et
non équivoque.

PARAGRAPHE III.

Les Ministres sont juges ordinaires du contentieux administratif.

SOMMAIRE.

57. — Après avoir essayé de réfuter les bases sur
lesquelles repose le système qui tend à accorder aux
Conseils de préfecture la qualification de tribunaux
ordinaires du contentieux administratif, nous allons ex-

poser les motifs qui nous portent à croire qu'elle convient aux Ministres seuls.

Si nous ouvrons la loi des 27 avril—25 mai 1791, et si nous descendons jusqu'à l'article 15, nous constatons la création d'un Conseil d'Etat composé du Roi et des Ministres. Arrivons maintenant à l'article 17; que lisons-nous ? Nous lisons qu'au nombre des attributions de ce Conseil d'Etat figurent désormais :

1o « L'examen des difficultés et la discussion des affaires dont la connaissance appartient au pouvoir exécutif, tant à l'égard des objets dont les corps administratifs et municipaux sont chrgés sous l'autorité du Roi, que sur toutes les autres parties de l'administration générale ;

2o « La discussion des motifs qui peuvent nécessiter l'annulation des actes irréguliers des corps administratifs etla suspension de leurs membres, conformément à la loi ;

3o « La discussion des questions de compétence entre les départements du Ministère...... etc ...... »

Telles sont les attributions ministérielles législativement réglées. C'est ici plus qu'un projet, c'est un fait accompli.

En l'an III, la Constitution du 5 fructidor, après avoir rendu les Ministres *respectivement responsables* de l'inexécution des lois et des arrêtés du Directoire, annonce, article 193, que « les ministres peuvent annuler, chacun dans sa partie, les actes des administrations de département, et celles-ci, les actes des administrations municipales, lorsque ces actes sont contraires aux lois et aux ordres des autorités supérieures. »

Par cette dernière disposition, la compétence ministérielle devient encore plus large, plus étendue qu'elle ne l'était par le passé. En effet, auparavant le contentieux était dévolu au Conseil d'Etat composé du Roi et de ses Ministres ; à présent c'est aux Ministres personnellement, *chacun dans sa partie*, qu'il est confié.

Jusqu'à la Constitution du 22 frimaire an VIII, qui institua le nouveau Conseil d'Etat, les Ministres furent incontestablement les juges souverains du contentieux de l'administration. Mais, à l'apparition de cette loi, ils perdirent sensiblement de leur puissance; car ce Conseil fut chargé de résoudre à l'avenir « les difficultés qui pourraient s'élever en matière administrative. » Peu de temps après, le réglement du 5 nivôse de la même année décida qu'il prononcerait « sur les affaires contentieuses dont la décision était précédemment remise aux Ministres. »

58. — Est-il jamais venu à l'esprit de quelqu'un d'inférer de ces deux textes que le Conseil d'Etat a complétement absorbé tout ce que détenaient auparavant les Ministres, en fait de contentieux ? Assurément non. Les Ministres conservent encore un caractère qui ne leur a été enlevé par aucune loi : celui de juges *ordinaires*, possédant une délégation générale; mais, empressons-nous d'ajouter, de juges du *premier degré*, le Conseil d'Etat ayant été investi du *second*.

« La juridiction des Ministres n'a pas été limitée quant aux matières qu'elle embrassait; elle n'a été qu'abaissée d'un degré, le Conseil d'Etat leur ayant été substitué pour statuer en dernier ressort. » (1)

« C'est évidemment de la décision définitive dont veut parler ce réglement (du 5 nivôse an VIII), car, à cette époque, il n'entrait dans la pensée de personne de transporter l'administration de détail au Conseil d'Etat.

« Les décrets des 11 juin et 22 juillet 1806 n'enlevèrent aucunement aux Ministres leur plénitude de juridiction en premier degré. Ce qui est remarquable, c'est que le Conseil d'Etat de l'Empire reconnût et consacrât le principe de la compétence ministérielle. » (2)

59. — On a bien des fois songé, depuis la loi du 28 pluviôse jusqu'à celle du 21 juin 1865, à perfectionner l'organisation des Conseils de préfecture; et la plus sérieuse tentative, celle de 1851, qui avait principalement pour but de fixer la juridiction trouvée incertaine du premier degré, en constituant ces conseils tribunaux de droit commun, ne put aboutir.

En 1853, M. le Ministre de l'Intérieur chargea une Commission de rechercher les améliorations à introduire dans l'organisation des Conseils de préfecture. Trouva-t-on que cette organisation était parfaite et qu'il était difficile d'y toucher? Cela ne paraît pas vraisemblable; et pourtant cette Commission, présidée par le Ministre lui-même et composée d'hommes recommandables par leur savoir, n'a rien produit, rien amélioré. (3)

(1) M. Cabantous, *Répétitions écrites*, N° 223.
(2) M. Chauveau, *Principes de compétence*, t. III, p. 823.
(3) Cette Commission se composait de MM. Boudet, président

60.—Plus tard, le 30 décembre 1862, un décret a été rendu, établissant que dorénavant les séances des Conseils de préfecture seront publiques lorsqu'ils statueront contentieusement, mais on y chercherait en vain un seul mot concernant la compétence de ces conseils.

61.— Enfin est survenue la loi du 21 juin 1865. Cette loi traite principalement de la composition des Conseils de préfecture, augmente leur compétence de la connaissance de toutes les affaires contentieuses dont le jugement était attribué au préfet en Conseil de préfecture, et autorise la rédaction d'un réglement d'administration publique qui déterminera, d'une manière générale mais provisoire, la procédure à suivre devant ces tribunaux en attendant que, dans le délai de cinq années, une loi statue à cet égard.

62.— Si donc il était douteux que les Ministres sont les juges ordinaires du contentieux de l'administration, est-il admissible qu'on n'eût pas fixé ce point important dans cette occasion solennelle? Eh bien, on n'a nullement songé à faire droit au désir exprimé au sein du Corps Législatif par M. le baron Jérôme David, à savoir, qu'il fût introduit dans la loi nouvelle « que toutes les fois qu'une question appartiendra au contentieux administratif sans être déférée par la loi à une juridiction spéciale, elle sera jugée par le Conseil de préfecture. » (1)

de la section du contentieux du Conseil d'Etat; Boulatignier et Marchand, conseillers d'Etat; Comte de Caffarelli, ancien préfet, membre du Corps législatif; et Henri Chevreau, conseiller d'Etat et secrétaire-général du Ministère de l'Intérieur. (Voir, du reste, l'arrêté ministériel, *Bulletin officiel du Ministère de l'Intérieur*, année 1853, page 99.)

(1) Séance du 24 mai 1865.

Que conclure du silence du texte, après une proposition de ce genre longuement motivée, si non qu'on a tenu à laisser les choses en l'état, c'est-à-dire que les Ministres conservassent leur compétence générale, compétence générale que leur reconnaît implicitement M. le député David par sa proposition, et que ses honorables collègues leur confirment de rechef en ne l'adoptant pas !

63. — L'érudit rapporteur au Conseil d'Etat en 1865, rapporteur aussi en 1851, M. Boulatignier, s'exprimait à cette dernière date de la façon suivante : « Il ne faut pas tirer du décret du 6 décembre 1813 et des décisions analogues qu'on peut rencontrer dans la jurisprudence du Conseil d'Etat, des conséquences qui dépassent leur véritable portée. Jamais, dans le Conseil d'Etat, la loi du 28 pluviôse n'a été entendue en ce sens que les Conseils de préfecture fussent constitués, *d'une manière générale*, juges du contentieux administratif en première instance..... » (1)

Outre MM. Chauveau et Cabantous, d'autres jurisconsultes recommandables refusent aux Conseils de préfecture et attribuent aux Ministres la qualification de tribunaux de droit commun en matière administrative : ce sont MM. Dufour (2), Dareste (3), Lefebvre (4), Ducrocq (5), Batbie (6) et autres......

---

(1) *Rapport* au Conseil d'Etat.
(2) *Traité général de droit administratif appliqué*, 2me édition, tome 1er, N° 171.
(3) *De la Justice administrative*, page 176.
(4) *Essai sur la procédure en matière contentieuse devant les Conseils de préfecture*, page 8.
(5) *Cours de droit administratif*, N°s 99 et 115.
(6) *Traité de droit public et administratif*, tome IV, N° 159.

Nous nous rangeons modestement, par les motifs plus haut énumérés, à l'opinion de ces Autorités.

CHAPITRE IX.

De l'Organisation des Conseils de préfecture.

PARAGRAPHE 1er.

Du nombre des Conseillers de préfecture.

SOMMAIRE.

64. Modifications successives dans le personnel des Conseils de préfecture.

65. Conseils de préfecture de l'Algérie.

64. — Après avoir créé un Conseil de préfecture par département, la loi du 28 pluviôse an VIII établit qu'il se composera de *cinq* membres dans certains départements, de *quatre* dans quelques autres et de *trois* dans tous ceux non compris dans les deux précédentes catégories.

Plus tard, le 6 novembre 1817, une ordonnance royale réduisit à *trois* les conseillers de préfecture de chaque département. Peu de temps après, le 1er août 1820, une nouvelle ordonnance remit en vigueur la disposition de la loi de pluviôse qui reçut son entière exécution jusqu'au 28 mars 1852, jour où un décret du Président de la République, décret auquel la Constitution de la même année imprime force de loi, détermine à *cinq* membres le Conseil de préfecture de la Seine, à *quatre* celui de vingt-deux départements et à

trois celui de tous les autres indistinctement. Ce décret
ajoute que, dans le cas où dans plusieurs départements
de la dernière classe, le nombre des conseillers serait
supérieur à *trois*, il sera ramené à cette limite à mesure des extinctions.

Depuis cette époque, ont été rendus trois décrets
impériaux qui modifient essentiellement la composition
du Conseil de préfecture de la Seine. Ceux des 6 mai
1859 et 22 juin 1863 portent de *cinq* à *sept* le nombre de ses membres; et celui du 17 mars 1863, après
avoir visé une lettre de M. le Sénateur-Préfet, dans
laquelle ce magistrat expose les raisons qui ne lui permettent pas de présider habituellement le Conseil de
préfecture, annonce qu'il sera nommé un Président,
aux appointements de vingt-cinq mille francs, et que
ce conseil pourra être divisé en sections. Un autre décret du même jour, en effet, au rapport de M. le Ministre de l'Intérieur, nomme M. Dieu, préfet de la
Savoie, à la présidence du Conseil de préfecture de la
Seine.

D'autres décrets spéciaux ont, en outre, augmenté
d'un membre le Conseil de préfecture de plusieurs départements. Mais, bien que ces divers décrets aient été
implicitement sanctionnés par des lois de finances ou-
vrant des crédits destinés à subvenir au traitement des
nouveaux conseillers, nous pensons qu'il était convenable qu'une loi vînt expressément régulariser cette position qui se trouvait à la fois en dehors du texte de
pluviôse et du décret législatif de 1852. Cette loi a été
promulguée : c'est celle du 21 juin 1865, dont l'article

premier est ainsi conçu : « Le Conseil de préfecture
est composé de *huit* membres y compris le président
dans le département de la Seine, de *quatre* membres
dans les départements suivants : Aisne, Bouches-du-
Rhône, Calvados, Charente-Inférieure, Côtes-du-Nord,
Dordogne, Eure, Finistère, Gard, Haute-Garonne, Gironde, Hérault, Ille-et-Vilaine, Isère, Loire, Loire-Inférieure, Maine-et-Loire, Manche, Meurthe, Morbihan,
Moselle, Nord, Orne, Pas-de-Calais, Puy-de-Dôme,
Bas-Rhin, Rhône, Saône-et-Loire, Seine-Inférieure,
Seine-et-Oise, Somme, et de *trois* membres dans les
autres départements. » L'état des choses se trouve
maintenant dans des conditions normales.

65. — La loi de 1865 garde toutefois le silence le
plus absolu relativement aux trois Conseils de préfecture d'Alger, d'Oran et de Constantine. Il eût mieux
valu sans doute qu'elle confirmât le récent décret du
25 mars 1865, qui augmente le nombre des membres
des Conseils de préfecture de l'Algérie.

Déjà, aux termes de l'article 9 du décret du 27 octobre 1858, le Conseil de préfecture était composé de
quatre membres pour le département d'Alger, et de
trois pour chacun des deux autres. Puis, par décision
du 16 avril 1863, le décret du 30 décembre, sur la
publicité des audiences, fut rendu exécutoire dans cette
colonie. Enfin l'article 26 du décret du 7 juillet 1864
dispose, après avoir supprimé les Conseils des affaires
civiles, que « les attributions des conseils (des affaires
civiles) sont réunies à celles des Conseils de préfecture,
dont la juridiction est étendue à tout le territoire de
la province. » (1)

_____

(1) Les *Conseils des affaires civiles* avaient été institués près
du commandement du territoire militaire, en Algérie, par l'article 14 du décret impérial du 27 octobre 1858.

Le décret du 25 mars 1865, qui porte à *cinq* pour le département d'Alger et à *quatre* pour ceux d'Oran et de Constantine le nombre des conseillers de préfecture, est la conséquence naturelle du surcroît d'attributions incombant à ces conseils par la suppression des Conseils des affaires civiles, qui étaient chargés d'assister le commandant militaire dans l'exercice de ses fonctions administratives et de remplir auprès de lui celles de Conseil de préfecture.

PARAGRAPHE II.

Du traitement des Conseillers de préfecture.

SOMMAIRE.

66. Le traitement des Conseillers de préfecture est fixé au dixième de celui du Préfet.
67. Augmentation de ce traitement.
68. Rejet de l'amendement de M. Delamarre.

66. — Aux termes de l'article 22 de la loi du 28 pluviôse, le traitement des conseillers de préfecture est du *dixième* de celui du préfet du département. Cependant, si le préfet n'avait que huit mille francs d'appointements, les membres du conseil devaient néanmoins recevoir douze cents francs.

67. — Le décret du 27 mars 1852 divise en trois classes le traitement des conseillers de préfecture : dans la première, ils touchent trois mille francs; dans la seconde, deux mille; dans la troisième, seize cents francs. Toutefois, après dix années d'exercice, ils peuvent obtenir, sans changer de résidence, les émoluments de la classe supérieure.

La position pécuniaire des membres des Conseils de préfecture s'est encore notablement améliorée, car un décret, en date du 25 décembre 1861, a porté de nouveau leur traitement au dizième de celui du préfet, par application de loi de l'an VIII, en sorte qu'ils ne perçoivent pas moins aujourd'hui de deux mille francs par an.

68.—Tout récemment enfin, au Corps législatif, M. le député Delamarre a présenté un amendement tendant à ce que les émoluments des conseillers de préfecture fussent assimilés à ceux des juges des tribunaux de première instance des chefs-lieux où ils résident, à moins que leur traitement actuel ne fût plus considérable. (1) M. Delamarre s'est fortement appuyé, pour soutenir sa proposition, sur les exigences de toutes sortes inhérentes à leur position. Elle a été néanmoins écartée, parce qu'on n'a pas voulu, dit le rapport de la Commission chargée de l'examen du projet de loi du 21 juin 1865, « compliquer ce projet par des dispositions financières. » (2)

Ce n'est pas, comme on le voit, une réponse péremptoirement négative qui a été faite à cet amendement. La Commission était d'ailleurs loin « de se montrer défavorable à l'idée d'augmenter les traitements des conseillers de préfecture », et on ne comprendrait guère, à la vérité, pour quel motif, magistrats comme

(1) Séance du 23 mai 1865.
(2) Cette Commission était composée de MM Roulleaux-Dugage, président ; De la Guistière, secrétaire ; Hébert, le Comte Caffarelli, le Comte d'Ornano, Perras, Daguillon-Pujol, Gressier et Thoinnet de la Turmelière.

eux et ayant même de plus fréquentes occasions de dépenses, ils ne seraient pas aussi largement rétribués que les juges de première instance des villes qu'ils habitent. Nous comptons donc que cette question n'a été qu'ajournée.

PARAGRAPHE III.

Conditions exigées des aspirants aux fonctions de Conseiller de préfecture.

SOMMAIRE

69. Les Conseillers de préfecture sont nommés par l'Empereur.
70. Ils sont amovibles.
71. Conditions requises pour leur nomination.
72. Les Secrétaires-greffiers devraient participer au privilège accordé aux Employés des préfectures.
73. Il serait bon d'étendre jusqu'aux Adjoints la faveur réservée aux Maires.

69.— Les membres des Conseils de préfecture ne peuvent être nommés et révoqués que par le Chef de l'État; et avant d'entrer en fonctions, ils sont tenus, en vertu de l'article 2 de l'arrêté du 17 ventôse an VIII, de prêter serment entre les mains du préfet.

70.— Les Conseillers de préfecture ne remplissent pas seulement les fonctions de juges, ils exercent aussi celles d'administrateurs; ils sont à la fois magistrats et fonctionnaires; c'est pourquoi ils sont essentiellement amovibles, bien que cependant l'inamovibilité soit généralement considérée, et avec toute raison, comme la garantie d'une excellente justice.

71.— Avant la loi du 21 juin, aucune condition légale n'était expressément exigée pour leur nomination. On admettait cependant, par induction de l'article 175 de la constitution du 5 fructidor an III, qu'ils devaient être âgés de vingt-cinq ans. Il faut aujourd'hui, pour parvenir aux fonctions de conseiller de préfecture, avoir l'âge de vingt-cinq ans révolus, être, en outre, licencié en droit, ou bien avoir exercé un emploi rétribué dans l'ordre administratif ou judiciaire, au moins durant une période de dix années, ou encore avoir été, pendant ce même laps de temps, Maire ou membre d'un Conseil général. (1)

Jusqu'à ce jour, le défaut de conditions requises pour faire partie d'un Conseil de préfecture n'avait pas peu contribué, on le conçoit, à répandre quelque défaveur sur ces conseils qui, il faut le reconnaître, ont toujours été néanmoins composés d'hommes à la hauteur de leur importante mission et présentant des garanties incontestables de savoir et d'honorabilité. On a toutefois sagement agi, avouons-le, en comblant cette lacune regrettable qui conviait à une prompte modification.

L'honorable M. Royer, désirant davantage, a demandé au Corps Législatif, qu'on exigeât de plus de l'aspirant aux fonctions de conseiller « qu'il eût fait son stage et qu'il eût été inscrit au tableau des avocats. »

M. le député Louvet a répondu que c'était créer d'une part « une sorte de monopole pour les avocats et, d'autre part, mettre hors de cause une foule de

(1) Loi du 21 juin 1865, art. 2.

6.

candidats honorables, très-sérieux et parfaitement dignes de fixer le choix de l'autorité. » Et il a cité, pour
exemples, un ancien notaire, un ancien avoué qui, li-
cenciés en droit mais n'ayant pas fait de stage, ne
pourraient dès lors siéger dans un Conseil de préfecture et y porter le résultat de leur longue et laborieuse
expérience des affaires. Ces considérations puissantes
ont entraîné le sentiment de la Chambre, qui aurait bien pu adopter peut-être la proposition de
M. Royer. (1)

72.— Parmi les citoyens qui, ayant rempli des fonctions administratives salariées, sont aptes à concourir
pour devenir conseillers, sont compris les Chefs de
bureau et les Chefs de division des préfectures, mais
nullement les Employés supérieurs des recettes générales, à moins qu'ils ne soient pourvus du diplôme de
la licence.

Nous nous associons de grand cœur à l'opinion formulée par M. Chauveau Adolphe, dans son intéressant
Journal du droit administratif, lorsqu'il écrit, à propos
des fonctionnaires : « Les Secrétaires-greffiers pouvaient être mis sur la même ligne que les Chefs de
division et les Chefs de bureau; à bien dire, les Chefs
de division seuls m'auraient paru devoir mériter d'être
compris dans le cercle des candidats, parce que rien
n'explique pourquoi un Chef de bureau qui est resté
dix ans sans avoir obtenu l'honneur de diriger une division, doit être réputé plus digne d'être appelé à siéger dans un Conseil de préfecture que d'obtenir un
avancement hiérarchique. » (2)

(1) Corps Législatif, séance du 24 mai 1865.
(2) Tome XIII, (de la collection), page 273.

73.— Lors de la discussion de l'article 2 de la loi du 21 juin, M. Edouard Dalloz a émis un vœu soutenu par plusieurs autres députés et consistant en ce que le gouvernement nommé, autant que possible, des personnes du département quand il s'agit de pourvoir à une vacance dans le Conseil de préfecture, et il mentionne notamment les Adjoints aux Maires des localités importantes qui rempliraient d'ailleurs les conditions imposées par cet article.

Nous ne saurions trop partager l'avis de cet honorable représentant, en ce qui concerne les conseillers en général; car, étant fréquemment administrateurs, il peut y avoir convenance et utilité à ce qu'ils possèdent une parfaite connaissance des mœurs, des habitudes particulières au département où ils sont appelés à remplir leur mission. Mais nous allons plus loin au sujet des Ajoints. Il nous semble qu'auxiliaires vigilants du Maire, ayant des attributions de *suppléance* et de *délégation*, investis même, par de véritables textes législatifs (1), du droit de participer *directement* à l'action municipale, ils auraient pu être compris dans la faveur accordée aux Maires et aux Conseillers généraux, ou que tout au moins cette faveur aurait dû s'étendre jusqu'aux Adjoints des chefs-lieux de département et d'arrondissement. Les capacités requises et les incessantes occupations administratives de ces magistrats les mettent certainement à même de devenir d'excellents conseillers de préfecture. Ce serait, du reste, une façon indi-

(1) Code d'Instruction criminelle, art. 9; — Loi du 3 frimaire an VII, art. 9; — Arrêté du 6 messidor an X, art. 1er; — Décre réglementaire du 2 février 1852, art. 13.....

recte de récompenser les modestes et loyaux services qu'ils rendent, eux aussi, chaque jour gratuitement à la chose publique.

PARAGRAPHE IV

Des incompatibilités inhérentes aux fonctions de Conseiller de préfecture.

SOMMAIRE

74. Les fonctions de conseiller de préfecture sont incompatibles avec l'exercice d'une profession ou d'un emploi public.

75. Néanmoins les conseillers qui, jusqu'à la loi de 1865, ont exercé la profession d'avocat, conservent la faculté de continuer.

74. — Il y a peu de temps encore, la position de conseiller de préfecture était seulement incompatible avec quelques fonctions et professions spécialement déterminées, en sorte qu'il n'était pas rare de voir des conseillers exercer telle ou telle profession, principalement celle d'avocat, soit donnant des consultations, soit même plaidant devant les tribunaux de l'ordre judiciaire. On a eu grandement raison de remédier à cette situation.

Un conseiller de préfecture ne pouvait être autrefois :

1o Ni Greffier d'un tribunal; (1)
2o Ni Notaire; (2)
3o Ni Avoué; (3)
4o Ni Membre d'un conseil municipal; (4)

---

(1) Loi du 24 vendémiaire an III, art. 1er.
(2) Loi du 24 vendémiaire an III, tit. II, art. 5.
(3) Avis du Conseil d'Etat du 5 août 1809.
(4) Loi du 22 décembre 1789, section II, art. 8; — Loi du 21 mars 1831, art. 18.

5º Ni Membre d'un conseil général; (1)

6º Ni Membre d'un conseil d'arrondissement ; (2)

7º Ni Membre du Corps Législatif. (3)

Le Législateur veut aujourd'hui que les conseillers consacrent tout le temps à leurs graves fonctions, et il ne consentirait même pas à ce qu'ils remplissent un autre emploi, tel que celui de professeur à une Faculté ou à une Ecole de droit (4). La disposition est formelle et ne souffre aucune exception : « Les fonctions de conseiller de préfecture, porte l'article 3 de la loi de 1865, sont incompatibles avec un autre emploi public et avec l'exercice d'une profession. »

75.— « Seulement on s'est demandé, a prétendu M. le Rapporteur de la Commission (M. Roulleaux-Dugage), si elle (la disposition de l'article 3) aurait un effet rétroactif et si quelques conseillers qui ont continué d'exercer la profession d'avocat seraient obligés d'opter entre leurs fonctions et leurs profession.

« En principe, les lois ne disposent que pour l'avenir, et l'intention du gouvernement ne paraît pas d'avoir été de porter atteinte aux positions acquises. D'ailleurs le nombre des conseillers attachés au barreau est assez minime : il ne s'élève qu'à neuf, parmi lesquels il y en a même qui ne plaident que rarement. Le gouvernement peut donc, sans danger, user de tolérance pour ces neuf fonctionnaires; mais comme, au surplus, ils sont amovibles, il pourrait les obliger à

---

(1) Loi du 22 juin 1833, art. 5.

(2) Décret du 3 juillet 1848, art. 14.

(3) Décret organique du 2 février 1852, art. 29.

(4) *Moniteur* du 25 mai 1865.

opter, s'il se révélait quelque inconvénient à maintenir cette double situation.

« A part cette exception en faveur de droits acquis, la Commission n'hésite pas à dire que l'incompatibilité est trop bien justifiée pour ne pas devoir être à l'avenir appliquée rigoureusement. »

Cette exception momentanée nous semble susceptible de recevoir l'approbation de tous.

PARAGRAPHE V.

De la Suppléance au sein des Conseils de préfecture.

SOMMAIRE.

76. Les arrêtés des Conseils de préfecture doivent être rendus par trois membres au moins.

77. En cas d'insuffisance du nombre des conseillers, les membres du conseil général sont appelés.

78. Il est à regretter que la loi du 21 juin n'ait pas inauguré un mode plus régulier de suppléance.

79. Excellence des dispositions du projet de loi du gouvernement.

76. — Les arrêtés des Conseils de préfecture ne peuvent être légalement délibérés et rendus que par *trois* membres au moins, et, dans ce nombre, se trouve compris le Préfet, lorsqu'il assiste à la séance. (1). Nous verrons plus bas que ce magistrat a entrée au conseil, qu'il y exerce la présidence et que sa voix est prépondérante, en cas de partage.

Un arrêté de Conseil de préfecture serait à coup sûr régulier, alors qu'il ne porterait que deux signa-

(1) Arrêté du 19 fructidor an IX, art. 1er,

tures, pourvu qu'il résultat de la décision elle-même que trois membres ont participé à la délibération, (25 mai 1864 : *Henry*).

77. — S'il y a partage au sein du conseil, ou s'il y a insuffisance de conseillers, les membres présents passent aux voix pour élire un conseiller général qui siégera avec eux. Il faut remarquer toutefois que ce choix ne pourra jamais s'arrêter sur un conseiller qui serait en même temps membre d'un tribunal (1); mais l'élection d'un conseiller général exerçant la profession d'avoué serait néanmoins valable (2). Nous avons pourtant vu précédemment que les conseillers généraux et les avoués sont inhabiles à être nommés membres d'un Conseil de préfecture. Il y aurait donc là une criante anomalie, si n'était que, dans l'espèce, ils ne sont appelés qu'*accidentellement*.

Serait nul un arrêté auquel aurait pris part, en qualité de suppléant, un conseiller général qui, depuis sa nomination, n'aurait pas prêté serment (11 décembre 1862 : *Election de Monein*; même séance : *Election de Laruns*);

Alors même que ce serait après l'expiration d'un précédent mandat, si le conseiller réélu n'avait pas depuis sa réélection, prêté de nouveau le serment (13 juin 1862 : *Election de Clarac*).

Un arrêté de Conseil de préfecture est irrégulier quand, dans une demande d'indemnité intentée contre une commune, un conseiller général a été appelé

---

(1) Arrêté du 19 fructidor, art. 3.
(2) Conseil d'Etat du 24 août 1849.

comme suppléant, alors qu'il avait pris part, en qualité de conseiller municipal, aux délibérations relatives à l'affaire pendante (11 août 1864 : *Ville de Montpellier*).

S'il arrivait, par hasard, que tous les conseillers de préfecture fussent dans l'impossibilité de siéger, le Ministre de l'Intérieur désignerait, sur la présentation du Préfet du département, plusieurs membres du conseil général pour les remplacer, à la condition qu'ils ne feraient point partie d'un tribunal de l'ordre judiciaire. (1)

78. — Il n'y a rien de changé, quant à ce qui regarde la suppléance, par la loi de 1865. On continue d'avoir recours aux prescriptions de l'arrêté du 19 fructidor an IX et à celles du décret du 16 juin 1808. (2)

Bien que cet état de choses ne soit point irréprochable, il n'offrira cependant pas, à l'avenir, tous les inconvénients qu'il occasionnait avant. Antérieurement à la loi du 21 juin, en effet, alors qu'un conseiller de préfecture était, depuis le décret du 30 décembre, chargé des fonctions de Commissaire du gouvernement, si le Préfet ne pouvait assister à la séance, il devenait indispensable d'appeler un suppléant, quand le conseil ne se composait que de trois membres, ce qui existait dans la plupart des départements. Ce cas ne se présentera plus aussi souvent désormais, puisque le magistrat occupant le fauteuil du ministère public étant pris en dehors du conseil, il restera toujours, à

_____

(1) Décret du 16 juin 1808, art. 1 et 2.
(2) Décret du 30 décembre 1862, art. 4 ; — Loi du 24 juin 1895, art. 6.

moins d'empêchement momentané, les trois juges titulaires. On était néanmoins fondé à espérer que la loi
nouvelle inaugurerait un système de suppléance plus régulier. Le système encore en vigueur, d'ailleurs vicieux
et incomplet, est condamné depuis fort longtemps; et,
à diverses reprises, on a tenté de le modifier. Voici
comment s'exprime l'exposé des motifs de la loi de
1865 lui-même, après avoir signalé le vice des dispositions de l'arrêté du 19 fructidor : « Ces fonctions
(des suppléants), telles que le gouvernement les conçoit,
ne seraient plus seulement une mission accidentelle.
Il voudrait qu'elles devinsent une sorte de stage et de
préparation soit aux emplois de l'administration active,
soit aux fonctions de conseiller. Aussi le projet de loi
propose d'exiger les mêmes conditions pour la nomination des suppléants et des titulaires; il admet seulement que la suppléance n'est pas incompatible avec
l'exercice de la profession d'avocat. Il est naturel de
penser que des jeunes membres du barreau voudront
par la suppléance faire l'essai de leur vocation pour la
carrière administrative, et qu'ils pourraient être détour-
nés de tenter cette voie s'ils ne pouvaient s'y engager
qu'à la condition de renoncer immédiatement à suivre
la carrière du barreau et, jusqu'à un certain point,
celle de la magistrature. » (1)

79. — Le projet de loi présenté par le gouvernement renfermait, en conséquence, les articles suivants :

Article 4. « Il peut être attaché à chaque Conseil de
préfecture un ou deux suppléants.

_____

(1) Rapporteur : M. le Conseiller d'Etat Boulatignier.

Article 5. « Les conseillers suppléants sont nommés par l'Empereur. Ils doivent remplir les conditions exigées par l'article premier de la présente loi. Les incompatibilités établies par l'article 2 leur sont applicables, excepté, toutefois en ce qui concerne l'exercice de la profession d'avocat.

Article 6. « Les suppléants sont appelés, dans l'ordre de nomination, pour remplacer les conseillers titulaires absents ou empêchés, ou pour vider le partage.

« Ils peuvent toujours siéger avec voix consultative.

Article 7. « A défaut du Secrétaire général et des Auditeurs commissaires du gouvernement, les suppléants peuvent être chargés de remplir les fonctions du ministère public.

« En cas d'absence ou d'empêchement du Secrétaire général, ils peuvent le remplacer dans ses fonctions.

« Ils peuvent également, en cas d'absence ou d'empêchement des Sous-Préfets, être délégués, à défaut de conseillers titulaires, pour faire l'intérim des sous-préfectures. »

Il est vraiment difficile de comprendre pour quel motif ces sages dispositions ont été écartées; car les raisons alléguées par M. le rapporteur de la Commission sont loin de donner pleine satisfaction. Entre autres considérations, a-t-il dit, la Commission a pensé « qu'en instituant des suppléants permanents et gratuits le gouvernement contracterait envers eux l'obligation morale de les appeler aux fonctions rétribuées lorsque l'occasion s'en présenterait et qu'on créerait ainsi pour les fonctions administratives une nouvelle pépinière de candidats dont la nécessité est loin de se faire sentir. Elle a reconnu également que l'on pourrait supposer peut-etre que ces suppléants aspirant à devenir titulaires seraient des juges moins indépendants que ceux-ci, et, à tous égards, dans une position inférieure. »

Et d'abord quel si grand inconvénient y aurait-il à ce que l'Administration se crût *moralement* engagée à investir des graves attributions de conseiller de préfecture des jeunes gens ayant fait déjà leurs preuves devant le conseil, présentant une aptitude reconnue et ayant peut-être aussi déjà rendu, dans la suppléance, d'incontestables, de signalés services? Nous ne saurions trouver, nous, en cela qu'une fort sérieuse garantie; et cette « pépinière » de candidats aux fonctions administratives, que l'on considère comme superflue, est, à notre avis, une pépinière qu'on aurait dû fonder depuis longtemps. Les fruits, qu'elle aurait assurément eu occasion de produire, auraient puissamment contribué à relever aux yeux du public et à maintenir à un niveau élevé, la science spéciale et pratique des membres composant les Conseils de préfecture.

Nous n'aurions pas aperçu davantage de désagrément à ce que les conseillers suppléants eussent été assimilés aux juges suppléants près les tribunaux civils, ainsi qu'on paraissait avoir l'intention de le faire. Il nous semble malaisé de concevoir, en effet, qu'un conseiller général, même le plus honorable, puisse plutôt siéger au Conseil de préfecture qu'au tribunal judiciaire. La science administrative et la jurisprudence du Conseil d'Etat, pas plus que le droit civil et la jurisprudence de la Cour de Cassation, ne s'apprennent du soir au lendemain. Ces connaissances ne s'improvisent point; elles ne s'acquièrent, au contraire, que par une longue et opiniâtre application. Parfaitement intentionnés sans doute, mais étrangers pour la plupart à ce genre d'étude, MM. les Conseillers de département sont, en général, moins aptes évidemment à remplacer les membres du Conseil de préfecture que les suppléants du projet de loi qui, pour être nommés, devaient présenter les mêmes conditions et offrir les mêmes garanties que les titulaires.

« Un membre du conseil général n'est pas, assure M. le député Morin, toujours prêt à venir siéger; et d'ailleurs, les membres des conseils généraux, ne siégeant qu'accidentellement dans un Conseil de préfecture, ne peuvent acquérir une expérience suffisante au point de vue du contentieux administratif. » (1)

Nous regardons, de notre côté, comme excessivement regrettable qu'on n'ait pas jugé à propos de réaliser l'intention manifestée par le gouvernement, d'instituer des suppléants permanents et réguliers. Les reproches adressés à ce projet par la commission sont pour nous sans valeur. Elle redoutait qu'on puisât dans cette « pépinière. » pour choisir les titulaires aux emplois vacants ; cela nous semblait à nous, au contraire, de beaucoup préférable; elle craignait que ces

(1) *Corps Législatif*, Séance du 27 mai 1865.

suppléants permanents se trouvassent dans une extrême dépendance : nous estimons, nous, que les juges sup, pléants des tribunaux, avec lesquels ils auraient eu grande analogie, opinent avec indépendance, ne consultent que le droit et la conscience, et que les magistrats titulaires, avec lesquels ils ont souvent coutume de siéger, sont prêts à rendre hommage à leur droiture et à leur loyauté.

Le système proposé par le Gouvernement offrait donc toutes sortes d'avantages.

CHAPITRE X.

De la présidence du Conseil de préfecture par le Préfet.

SOMMAIRE.

80. Critiques contre la présidence du Conseil de préfecture par le Préfet.

84 Cette situation est irrégulière.

82 La justice administrative est cependant équitablement rendue.

83. Il n'est pas exact de soutenir que le Préfet ait toujours à se prononcer à l'occasion d'un acte émanant de son initiative.

84. Il est juste de reconnaître que ce magistrat revendique rarement, dans la pratique, le droit que lui confère le Législateur de l'an VIII.

85. L'opinion publique s'élève néanmoins avec force contre cette prérogative.

80. — Lorsque le Préfet assistera au Conseil de préfecture, porte l'article 5 de la loi du 28 pluviôse an VIII, il présidera et sa voix sera prépondérante, en cas de partage.

Cette disposition a donné et donne encore lieu à de

fréquentes et amères critiques. Nous reproduisons quelques unes des plus importantes.

Voici comment s'exprimait, lors de la discussion de cette loi, le tribun Daunou : « Nous nous sommes demandé si le préfet était réellement membre du Bureau du contentieux; s'il pouvait y assister toutes les fois qu'il le jugeait à propos; si le cas qui lui donne voix prépondérante est celui d'un partage entre les conseillers seuls, ou dans l'assemblée des conseillers et du préfet délibérant en commun.

« De quelque manière que l'on réponde à ces questions trop indécises, nous aurions toujours quelque peine à concevoir cette influence quelconque attribuée au préfet dans le jugement d'une contestation entre les administrés, et l'administration dont ce même préfet est seul chargé..... Qu'il nous soit permis d'ajouter que juger entre les administrateurs et les administrés doit-être le fait de plusieurs parmi lesquels aucun n'administre. »

M. de Cormenin trouve, dans ses *questions de droit administratif*, tome 1er, page 260, « qu'il est abusif et contraire aux règles d'une bonne justice que le préfet prenne part à la délibération du Conseil de préfecture alors que ses propres arrêtés sont engagés dans le débat. »

« La présidence et la voix prépondérante accordées aux préfets dans les Conseils de préfecture, écrit M. Dubois de Niermont, la faculté qu'ils ont toujours eue de limiter les moyens d'action des Conseils de préfecture, en ne leur accordant, pour les frais de bu-

reau, que ce qu'il leur convenait d'accorder ; la viola-
tion, faite à leur profit, ainsi que nous venons de le
voir, des principes du contentieux administratif ; la faculté de correspondre directement et exclusivement
avec les ministres, et d'autres causes encore, ont puissamment contribué à déprécier le caractère et le but
de l'institution si salutaire des Conseils de préfecture. » (1)

« Si l'on proposait, pense M. Broglie, dans un procès entre particuliers, de s'en rapporter ainsi dans le
doute à la bonne foi ou plutôt au bon plaisir de l'une
des parties, le sens commun entrerait en révolte ; mais
combien de fois l'autorité ne s'est-elle pas regardée
comme en position de décliner le sens commun ? » (2)

« Les garanties de la justice, soutient M. Laferrière
au sujet de l'organisation des Conseils de préfecture,
peuvent être dans les personnes qui jugent, mais elles
ne sont pas dans l'institution elle-même. » (3)

Dans de remarquables *observations sur le projet de
loi relatif aux Conseils de préfecture,* un écrivain fort
autorisé, M. Reverchon, estime que le Préfet ne devrait
jamais assister aux séances de ces conseils, mais principalement « au cas où le Conseil de préfecture est
saisi d'un litige dans lequel l'Etat ou le département,
que le préfet représente, figure comme demandeur ou
comme défendeur ; la présence du préfet au Conseil de
préfecture, avec la voix prépondérante qui lui appartient en cas de partage, et même sans cette prépondé-

---

(1) *Organisation des Conseils de préfecture,* N° 12, p. 17.
(2) *Revue française* de novembre 1828.
(3) *Cours de droit administratif,* t. II, p. 532.

rance, heurte alors de la façon la plus flagrante, les
notions les plus élémentaires de toute justice, et pendant l'exercice de notre profession d'avocat au Conseil
d'Etat et à la Cour de cassation, nous avons été assez
souvent témoin des sentiments que la crainte seule de
cette présence provoque chez les justiciables, pour
affirmer qu'elle produit les plus fâcheux effets.

« On a dit, nous le savons, que l'adversaire de l'Etat
ou du département peut, dans ce cas, récuser le Préfet. Mais d'abord c'est une question de savoir si la
récusation, autre que la récusation volontaire du juge
lui-même, c'est-à-dire la récusation par les parties, est
possible devant les Conseils de préfecture; quelques arrêts du Conseil d'Etat semble l'avoir autorisée, d'autres
semblent l'exclure. Dans tous les cas, ce remède, fût-il
admissible, serait évidemment insuffisant ; ce n'est pas
une simple faculté de récusation, c'est une incapacité
formelle que la loi devrait alors établir contre le Préfet. » (1).

« Le Préfet est dans une situation tellement prépondérante vis-à-vis de ceux qu'il préside et qui sont à ses
côtés, déclare M. Ernest Picard, qu'il faut de l'héroïsme de leur part pour lui résister. » (2)

A l'avis de M. le député Josseau, « la présidence du
Conseil de préfecture ne doit pas être donnée au préfet, soit, en premier lieu, qu'on se place au point de
vue politique; soit, en second lieu, qu'on se place au
point de vue des Conseils de préfecture; soit, en troi-

(1) Journal Le Droit, du 2 avril 1865.
(2) Corps Législatif, Séance du 23 mai 1865.

sième lieu, qu'on se place au point de vue de la bonne expédition des affaires. » (1)

« Est-ce qu'il n'est pas exorbitant, s'écrie M. Hallez-Claparède, que ce soit le préfet, en Conseil de préfecture, qui discute et qui vérifie les actes du préfet qui a eu un rôle actif et personnel dans les élections, et qu'on sépare et confonde à la fois le préfet magistrat et le préfet militant? Cela ne me semble bon ni pour le préfet, ni pour le Conseil de préfecture, ni pour le réclamant. » (2)

Un député de talent qui désirerait, lui aussi, que le préfet n'eût point entrée au Conseil de préfecture jugeant contentieusement, M. Emile Ollivier, cite, à l'appui de son argumentation, un extrait d'un important document dont une grave autorité en pareille matière, M. le Conseiller d'Etat Boulatignier, est l'auteur. Tel est ce fragment. « Vainement, dit-on que le préfet peut délibérer sans inconvénient sur les affaires contentieuses qui sont soumises à la décision du Conseil de préfecture, parce que rarement il s'agit de prononcer sur ses actes et qu'après tout il n'est pas plus que les conseillers eux-mêmes partie intéressée dans des affaires où sont engagés, non pas ses intérêts propres et particuliers, mais ceux de l'administration et du service public.

« Cela n'est vrai que dans une certaine mesure ; le plus souvent, quoi qu'on en puisse dire, le Conseil de préfecture prononce sur des réclamations dirigées contre des actes du préfet, et il est très-possible qu'un

---

(1) Corps Législatif, séance du 24 mai 1865.
(2) Corps Législatif, séance du 26 mai 1865.

7.

fonctionnaire dont l'impartialité ne fléchirait pas en présence d'un intérêt direct et matériel, soit entraîné par l'amour propre à défendre ses actes avec opiniâtreté et passion. » (1)

81.— Ces citations sont nombreuses, à la vérité : mais elles montrent, en revanche, combien, de tous les temps, la présidence du Conseil de préfecture par le préfet a été l'objet d'innombrables attaques. A notre sentiment, il n'est, du reste, nullement douteux que la situation présente ne soit anormale et irrégulière, et qu'elle ne réclame, tant pour le préfet lui-même que pour les justiciables, une radicale amélioration. Tout le monde gagnerait à ce changement ; car la justice administrative paraîtrait alors entourée davantage de l'auréole qui lui convient, c'est-à-dire, de l'impartialité et de l'indépendance.

Ce n'est pas cependant que, pénétrant au fond des choses, nous jugions cette amélioration *absolument* indispensable pour parvenir à une excellente distribution de la justice : nous croyons volontiers que MM. les conseillers de préfecture n'ont nul besoin de faire appel à « l'héroïsme », pour interpréter sainement et équitablement les textes législatifs; mais nous estimons néanmoins qu'on aurait sagement agi en décidant que dorénavant le préfet ne siégera plus au Conseil de préfecture statuant au contentieux.

82.— L'équité, sur laquelle se basent d'ailleurs les arrêts de ces conseils, est surabondamment démontrée par la statistique de 1864, dont les chiffres sont d'une manifeste éloquence. Une de leurs attributions les plus

(1) Corps Législatif, séance du 26 mai 1865.

importantes consiste assurément dans les réclamations
concernant les contributions directes. Eh bien, en cette matière, il y a eu tout au plus, dans le courant de
cette année-là, *sept cent cinquante* recours au Conseil
d'État sur deux cent huit mille décisions rendues. Les
contribuables se trouvent donc bien de la juridiction
des Conseils de préfecture.

Toutefois, quoique la très-grande masse des
justiciables n'ait qu'à se louer de la façon dont la
justice est impartialement distribuée par MM. les conseillers, même sous la présidence du préfet, nous per-
sistons à penser qu'il serait convenable d'exclure ce
magistrat du Conseil de préfecture comme on a exclu
le Ministre de la section du contentieux. La considération et le prestige de ce dernier n'ont pas diminué ;
comment donc le représentant du Pouvoir dans les
départements serait-il plutôt atteint par cette mesure ?
Cette magnifique et nécessaire institution des Conseils
de préfecture serait, dans ce cas, sans reproche, puisqu'elle possède déjà la publicité des débats, la défense
orale et un ministère public.

83.— Il importe cependant de remarquer que, dans
l'état actuel des choses, le préfet n'est pas toujours
fatalement placé, au sein du Conseil de préfecture, en
présence d'un acte émané de son initiative propre ;
mais que très-souvent, au contraire, il n'a fait précédemment que lui donner une espèce *d'exequatur*, que
le rendre exécutoire : c'est ce qui arrive principalement en matière de contributions directes.

84.— Nous n'ignorons pas que si de la théorie on
passe à la pratique, on s'aperçoit vite que les préfets,

absorbés sans cesse par les soins de l'administration, revendiquent rarement le droit que leur confère l'article 5 de la loi du 28 pluviôse ; mais ils en usent pourtant quelquefois, et c'est dès lors un motif plus plausible pour supposer que, dans ces circonstances exceptionnelles, l'intérêt de l'Administration est plus spécialement en jeu et que la sentence à intervenir peut se trouver entâchée de quelque partialité.

« Je puis attester qu'en 1851, assure M. Chauveau dans une note de son *Journal du droit administratif,* sur une simple observation de ma part, dans une affaire très-considérable relative à des travaux départementaux, Monsieur le Préfet de la Haute-Garonne s'est abstenu de siéger comme juge. » (1)

Loin donc de faire abus de cette prérogative excessive, ces Messieurs n'en usent que mesurément et en apportant toujours dans ces conseils une aptitude et une expérience qu'on ne peut dénier. Nous soutenons néanmoins, qu'alors qu'ils ne prendront plus aucune part aux délibérations des conseils de préfecture, ces conseils acquerront immédiatement un immense et incalculable avantage consistant à enlever, par cela seul, toute raison d'être aux divers assauts qu'on serait encore tenté de livrer à cette respectable institution. Ce n'est pas assez, nous l'avons dit, que la justice soit équitablement rendue, il faut, en outre, qu'à tous les regards elle apparaisse de la plus rigide impartialité.

85.— Que MM. les Préfets se contentent donc du rôle d'administrateurs; leur tâche demeure certainement ainsi assez belle et assez importante, et le senti-

_____

(1) Tome VII, page 327

ment public, qui s'épouvante et se froisse de leur présence au sein du Conseil de préfecture, recevra de la sorte pleine satisfaction. Le vœu de tous, en effet, souhaite ardemment qu'on remédie à cet état; et il est certain que dès l'instant qu'une idée se propage et persiste dans l'opinion, il y a au fond quelque chose de bon à établir d'utile à détruire ou d'urgent à modifier.

« Les impressions publiques, nous dit M. de la Guistière, ne doivent pas toujours être suivies; mais il ne faut pas non plus toujours les repousser. Et il faut être bien convaincu d'une chose, c'est que, lorsqu'elles ont des racines profondes dans les pays, elles ont toujours leur raison d'être. » (1)

CHAPITRE XI.

Améliorations introduites au sein des Conseils de préfecture.

PARAGRAPHE 1er.

De la publicité des Audiences.

SOMMAIRE.

86 En règle générale, les audiences des tribunaux français sont publiques.

87. Accusation d'*inconstitutionnalité* portée contre le décret de 1862.

88. Réputation de cette critique.

89. Du rapport et de la Défense orale.

90. De la Délibération.

86.— La publicité des débats dans toutes les affaires est un principe fondamental de notre droit public ;

(1) *Corps Législatif*, Séance du 24 mai 1865.

des raisons majeures de police et de puissantes considérations de morale peuvent seules le faire fléchir.

« En France, écrit M. Orillard, depuis 1789, la publicité des séances de la magistrature est la règle, et
les jugements rendus à huis clos sont l'exception. Le
huis clos ne peut être prononcé que lorsque cette mesure est commandée dans l'intérêt de la tranquillité et
de la morale publiques.

« Ce ne sont pas seulement les cours impériales, la
cour de cassation placée à leur tête, les tribunaux civils et de commerce, les tribunaux de paix, les cours
d'assises et les tribunaux correctionnels et de simple
police dont les débats sont aujourd'hui assujettis aux
formalités de la publicité : tous les tribunaux en général, tels que conseils de guerre, tribunaux maritimes,
tiennent depuis longtemps leurs séances publiquement.
Dans l'administration proprement dite, les séances des
conseils de révision ont toujours siégé au grand jour
de la justice, en présence du public et de toutes les
parties intéressées. Depuis la révolution de 1830, les
affaires contentieuses administratives, déférées au Conseil d'Etat par la voie de l'appel, ont été examinées
et jugées contradictoirement en audience publique. Il
ne restait plus, en réalité, que les juges administratifs
des mêmes affaires au premier degré de juridiction,
qui fussent encore soumis aux règles surannées de l'ordonnance de 1667. C'était là une anomalie inexplica-
ble, que vient heureusement de faire disparaître le mémorable décret du 30 décembre 1862. » (1)

_____

(1) *Code annoté des Conseils de préfecture délibérant au
contentieux*, Avant-propos, page 1re.

Tout le monde a applaudi sans réserve à la pensée libérale et à l'esprit de progrès qui dominent dans cet acte considérable du Pouvoir exécutif; et la presse elle-même, de tout ordre et de toute nuance, a rivalisé d'empressement pour apporter son témoignage de félicitations et de reconnaissance. (1) Ce document précieux accorde l'avantage des débats publics et contradictoires devant les conseils de préfecture statuant au contentieux; aussi, en même temps qu'il constituera une des plus grandes gloires du Souverain qui l'a rendu, il immortalisera, en outre, le nom du Ministre éminent (M. le duc de Persigny) qui l'a provoqué.

87.— Ce décret n'a pourtant pas été à l'abri de tou-

(1) « Le *Moniteur* publie un rapport de M. de Persigny et un décret impérial qui enjoint l'exécution des sages prescriptions proposées par le Ministre. On peut louer sans restriction le rapport et le décret. Voilà une sérieuse garantie donnée aux affaires contentieuses qui sont portées devant les Conseils de préfecture. La publicité des débats, la faculté accordée aux parties de pouvoir défendre leurs intérêts par eux-mêmes ou par leurs mandataires, seront efficaces contre l'arbitraire ; elles empêcheront le renouvellement de tant d'actes qui, faute d'instruction suffisante, échappaient à la justice des Conseils de préfecture.

« Il y a longtemps que nous appelions de tous nos vœux un progrès qui assure la sincérité des élections et facilite des réclamations qui étaient trop souvent repoussées. N'était-il pas étrange que le premier degré de juridiction administrative fût pour ainsi dire dépourvu d'instruction et de discussions préalables ? Les Préfets recevaient parfois des administrateurs locaux des témoignages dictés par la passion; quand leur religion avait été trompée, ils envoyaient au Conseil une opinion qui ne reposait pas toujours sur des faits exacts ; et la cause était entendue.

« En accomplissant cette réforme, M. de Persigny termine bien l'année 1862. Nous avons la légitime espérance que le perfectionnement de l'institution des Conseils de préfecture produira les meilleurs effets, et que, par une application plus éclairée de la justice administrative, le pouvoir donné aux préfets gagnera d'autant en considération. »

(Journal *Le Siècle*, du 1er janvier 1863,)

te attaque. On a prétendu qu'il est *inconstitutionnel* ; et, dans un intéressant article inséré, à la date du 20 février 1863, dans le journal *Le Droit*, M. Reverchon exprime un regret : « d'une part affirme-t-il, le Conseil d'Etat aurait dû être consulté; d'autre part, le décret intervenu aurait dû être précédé ou tout au moins accompagné d'une loi. » Ce jurisconsulte admet cependant que l'intervention du Conseil d'Etat n'était pas « légalement obligatoire. »

88. — Nous éprouvons quelque peine à concevoir en quoi l'intervention du Conseil d'Etat nécessaire dans cette circonstance, et en quoi aussi celle du Corps Législatif l'était, de son côté. Nous reconnaissons très-volontiers qu'un acte du Chef du Pouvoir exécutif est impuissant à modifier un état de choses réglementé par une loi; mais le décret impérial du 30 décembre ne nous paraît avoir porté atteinte à aucun texte législatif; car il n'a touché ni à *l'organisation* des Conseils de préfecture par l'augmentation ni la diminution des membres qui les composent, ni à leur *compétence* puisqu'il garde sur ce point le silence le plus absolu.

Nous sommes d'avis, au contraire, qu'une loi devait *forcément* intervenir le 21 juin 1865, l'article 1er modifiant la composition de ces conseils, et l'article 11 élargissant le cercle de leur compétence.

Dans tous les cas et quoi qu'il en soit, le texte de 1865 relève celui de 1862 de l'irrégularité que plusieurs esprits croient y remarquer, car il prend soin d'en reproduire exactement les dispositions.

La publicité est, en conséquence, dorénavant acqui-

se aux séances des conseils de préfecture statuant contentieusement. (1)

89. — Un conseiller, désigné par le préfet ou par
le vice-président du conseil, présente un rapport sur
chaque affaire. Par suite, toutes les pièces composant
le dossier lui sont remises, et il peut provoquer telles
communications et mesures d'instruction qu'il juge à
propos. Le rapport doit être *écrit*. Mais, « dans les
affaires de contributions et de contraventions, qui for-
ment la très-grande majorité des instances soumises
au Conseil de préfecture, la feuille d'instruction pourra
le plus souvent, servir de rapport, et le rapporteur
n'aura à préparer que le *projet de décision*, tâche qu'il
pourra abréger encore en groupant toutes les affaires
semblables pour en faire l'objet d'un rapport collec-
tif ». (2)

Nous ne saurions trop désapprouver, ce projet de
décision dont la rédaction incombe au rapporteur seul.
On ne tient pas suffisamment compte, selon nous, des
observations orales qui seront présentées à l'audience,
par les parties, observations qui auront peut-être pour
résultat de modifier singulièrement tel ou tel point de
l'instruction écrite et de montrer l'affaire sous un as-
pect tout différent. Si, en effet, la défense orale ne doit
jamais parvenir à détruire, en tout ou en partie, les
conclusions du rapport et, par conséquent, le projet de

_____

(1) Décret du 30 décembre 1862, art. 1er. — Loi du 21 juin
1865. art. 8.

(2) Circulaire, en date du 21 juillet 1865, de M. le Ministre
de l'Intérieur à MM. les Préfets, relative à la procédure devant
les Conseils de préfecture.

décision, nous n'apercevons pas pour quel motif elle a été introduite; si, au contraire, comme rationnellement nous le croyons, elle est à même d'éclairer les juges et de servir, elle aussi, de base à l'arrêté qui interviendra, qu'a-t-on besoin de ce projet auquel les débats oraux seront fréquemment susceptibles de porter des modifications et des changements radicaux ?...

Après le rapport, les parties sont admises, soit en personne, soit par mandataire, à soumettre des observations dans l'intérêt de leur cause. Toutefois mentionne la circulaire ministérielle du 24 juillet 1865, « c'est le caractère essentiel de la procédure contentieuse que l'instruction y soit écrite; les observations orales n'y tiennent qu'une place accessoire, et doivent toujours se restreindre aux points qui ont été développés dans les mémoires. Du moment, en effet, où les parties ne sont pas astreintes à se présenter à la barre, et que souvent l'une des deux y vient seule, il n'est pas bon qu'il s'y produise des moyens nouveaux qui ne pourraient pas être contredits par l'adversaire. » Cette doctrine est adoptée par la jurisprudence (Conseil de préfecture de la Seine, 2 août 1865 : *Vernhet contre la Ville de Paris*.)

Le plaideur qui n'a produit aucun moyen de défense écrite n'est pas autorisé à présenter des observations orales; il est dès lors prononcé *défaut* contre lui (Conseil de préfecture du Pas-de-Calais, 2 juin 1864 : *Commune d'Aunay contre Dufour et Dinglin*; Conseil de préfecture de l'Eure, 30 décembre 1864 : *Commune de Barquet contre de Montenolle*).

Celui qui n'a pas *demandé* à être entendu devant un Conseil de préfecture, ne peut ensuite présenter, contre l'arrêté rendu par ce conseil, un grief tiré de ce qu'il est intervenu sans qu'au préalable il ait été mis en demeure de fournir ses observations orales (20 août 1864 : *De Villequier).*

En revanche, serait irrégulier et annulé par le Conseil d'Etat un arrêté de Conseil de préfecture rendu sans qu'il eût été tenu compte de la *demande* formelle de présenter oralement ses explications (26 janvier 1865 : *Desmet* ; 7 juin 1865 : *Palvadeau et autres*).

Enfin la décision qui survient est motivée et prononcée publiquement à l'audience, après délibération hors la présence des parties. (1)

Comme nous l'avons vu précédemment, il est conforme aux règles les plus élémentaires de l'équité que les sentences des tribunaux administratifs, pareillement à celles des tribunaux de l'ordre judiciaire, fassent mention des motifs auxquels ont cédé les magistrats.

90.— Quant à la délibération *hors la présence des parties,* on s'est demandé s'il devient indispensable que les conseillers se retirent dans leur salle particulière pour délibérer sur l'affaire en instance. Nous ne supposons pas que telles soient absolument les vues du Législateur. Nous pensons qu'il a voulu seulement que ce qui se passe journellement devant la juridiction judiciaire se passât aussi devant la juridiction administrative, c'est-à-dire, que lorsqu'une question grave,

(2) Décret du 30 décembre 1862, art. 2 ; — Loi du 21 juin 1865, art. 9.

d'une solution difficile et délicate se présentera, les conseillers entrent dans la chambre des délibérations. Contrairement, un litige de peu d'importance est-il débattu, ils n'ont qu'à prendre exemple sur les magistrats de l'ordre judiciaire qui délibèrent ordinairement, dans ce cas, à voix basse et sans quitter leurs siéges.

Nous ne saurions admettre autrement cette disposition qui, s'il en était différemment, porterait, sans aboutir à un résultat utile, une atteinte considérable à la prompte expédition des affaires, si avantageuse en matière administrative.

PARAGRAPHE II.

Du Ministère public au sein des Conseils de préfecture.

SOMMAIRE

91. — « L'expérience a montré, soutient M. le Ministre de l'Intérieur (M. le marquis de La Valette) qu'il était nécessaire de placer près du préfet un fonctionnaire étroitement associé à son administration, surveillant le travail de ses bureaux, traitant sous sa direction les questions d'un intérêt secondaire, et ayant assez d'au-

torité pour le suppléer d'une manière efficace en cas
d'absence ou d'empêchement. » (1)

L'institution des secrétaires généraux, dont il est ici
question, a été, à diverses époques et pour différentes
causes, supprimée ou sensiblement restreinte. A la suite de la loi du 21 juin, est survenu le décret impérial
du 25 octobre suivant, qui crée les nouvelles attributions dont ils se trouvent investis.

92. — Ils remplissent les fonctions de commissaire
du Gouvernement près les Conseils de préfecture et
donnent, en cette qualité, des conclusions dans les affaires contentieuses. « C'est assurément, constate M.
W. Noyer, l'attribution la plus importante, la plus
étendue et aussi la plus délicate qui ait pu être confiée
aux Secrétaires-généraux; car elle exige une profonde
connaissance du droit et une grande pratique des affaires; aussi le Gouvernement ne doit-il appeler à ces
fonctions que des hommes d'expérience. » (2)

En 1851, alors qu'on s'occupait également de l'organisation des Conseils de préfecture, le Rapporteur du
projet de loi, opinant pour qu'on retirât au préfet la
faculté de siéger parmi les conseillers, avouait que
« les avantages que le Législateur de l'an VIII attendait
de la présence du préfet pour la défense des intérêts
du service public dans le sein de ces conseils, peuvent
être obtenus d'une manière plus constante, plus efficace, par d'autres moyens, par exemple, par *l'institution
d'un Commissaire du Gouvernement*. »

---

(1) *Rapport* précédant le décret du 25 octobre 1865 qui institue, dans chaque département, un Secrétaire-général titulaire.
(2) *Les Secrétaires-généraux de préfecture*, page 7.

Cette institution, réalisée par le décret de 1862 et confirmée par la loi de 1865, est, à la vérité, considérable; et on ne saurait trop approuver la création d'un *Ministère public* dont la tâche consiste principalement à veiller aux intérêts de l'Etat et à la rigoureuse observation des lois et réglements. « Il importe que, dans chaque affaire, dit M. le duc de Persigny dans son rapport à l'Empereur, une voix autorisée puisse s'élever dans l'intérêt de la loi et revendiquer les droits de l'Etat; il est donc nécessaire de créer auprès des Conseils de préfecture un *Ministère public*. » (1)

93.— Mais, pour répondre complétement à la pensée de M. le Ministre, pour qu'une voix vraiment « autorisée » s'élevât dans l'intérêt de la loi, il nous semble que le Législateur de 1865 aurait dû exiger aussi du Commissaire du Gouvernement la production du diplôme de la licence en droit. Ce n'est pas que, sans ce parchemin, on ne puisse posséder les capacités requises pour remplir convenablement ce poste honorable ; mais il est néanmoins incontestable que ce serait une garantie puissante et qu'il paraît passablement anormal d'exiger moins de l'organe du ministère public que des conseillers eux-mêmes.

94.— Nous remarquerons que, durant la période qui s'est écoulé du 30 décembre 1862 au 21 juin 1865, les conseillers de préfecture désignés par le ministre pour exercer les fonctions de secrétaires-généraux, étaient ordinairement ceux auxquels se trouvaient dévolues celles de Commissaire du Gouvernement. Il

(1) *Bulletin officiel du Ministère de l'Intérieur*, année 1862, page 443.

arrivait, en conséquence, que, dans les départements ne comptant que *trois* conseillers, un suppléant était souvent appelé pour compléter le nombre des juges, ce qui constituait une situation fort regrettable. Cet inconvénient est, à cette heure, réparé par le paragraphe premier de l'article 5 de la loi du 21 juin ainsi conçu : « Il y a dans chaque préfecture un Secrétaire-général titulaire. »

95.— Quant aux Auditeurs au Conseil d'Etat détachés dans certaines préfectures, et que la législation reconnaît aptes à être chargés des attributions du Ministère public (1), cette disposition forme le complément du décret du 7 septembre 1863 qui leur réserve plusieurs places dans l'administration ainsi que des emplois de conseiller de préfecture et de substitut du procureur impérial près les tribunaux de l'Empire.

Il est bon d'ajouter que les Auditeurs au Conseil d'Etat sont toujours des jeunes gens fort distingués, ayant fait des études très-sérieuses et s'adonnant principalement à la science administrative.

PARAGRAPHE III.

De la présidence du Conseil de préfecture en cas d'absence ou d'empêchement du Préfet.

SOMMAIRE.

96. Autrefois le remplaçant du Préfet présidait, comme lui, le Conseil de préfecture.

97. A défaut de délégation, le plus anciennement nommé des conseillers avait la présidence.

98. Aujourd'hui l'Empereur désigne annuellement le conseiller qui présidera, en l'absence du Préfet.

99. C'est l'un ou l'autre seulement de ces deux fonctionnaires qui possède la faculté d'exercer la présidence.

96.— Avant la loi de 1865, celui qui remplaçait,

_____

(1) Décret du 30 décembre 1862, a. 3;- Loi du 21 juin 1865, a 5.

dans ses attributions préfectorales, le Préfet absent du chef-lieu ou du département, avait comme lui la présidence du Conseil de préfecture, et sa voix y était prépondérante, tant au cas de partage d'opinions qu'en cas de partage sur le choix du suppléant à élire.

Observons toutefois que le remplaçant du préfet n'était à même de jouir de cette double prérogative qu'à la condition de faire partie du Conseil de préfecture. Une décision ministérielle du 29 floréal an X, dont M. Fleurigeon reproduit le texte (1), ne permet, en effet, *dans aucun cas*, de déléguer la présidence au Secrétaire-général. C'était cependant tout différent, si les fonctions de Secrétaire-général se trouvaient momentanément exercées par un Conseiller de préfecture.

97,— Mais à qui revenait de droit la présidence du Conseil de préfecture en cas d'empêchement du préfet et d'absence de toute délégation ? Etait-ce, comme dans le cas de partage sur le choix du suppléant, au doyen d'âge ? Non. La loi restant muette sur ce point, l'usage s'était introduit d'en investir le plus ancien en fonctions. Toutefois « le plus ancien des conseillers soit par l'ordre de nomination, soit par l'âge, peut, malgré le respect qui s'attache à sa personne et malgré ses lumières, n'être pas le plus apte à présider une audience publique. » (2). Dès lors, « la publicité des séances et le débat oral ajoutant évidemment de nouvelles conditions et une plus grande importance au choix du

(1) *Code administratif*, Tome 1er, page 109.
(2) Exposé des motifs de la loi du 21 juin 1865.

fonctionnaire à investir de la présidence » (1), la question est tranchée, la lacune est actuellement comblée par l'article 4 de la loi du 21 juin 1865.

98. — C'est, depuis ce jour, un décret de l'Empereur qui désigne chaque année, parmi les conseillers de préfecture des départements, à l'exception du département de la Seine dont le conseil possède une organisation à part, celui qui présidera, si le préfet est absent ou empêché. La première application de cet article 4 a paru dans un décret inséré au Moniteur du 14 janvier 1866 et rendu sur la proposition de M. le Ministre de l'Intérieur.

99. — « Qu'a donc voulu dire le Législateur, se demande M. Chauveau, quand il a parlé du président nommé par l'Empereur qui siégerait en cas d'absence du préfet? Ce serait un non sens si cela ne voulait pas dire que le préfet titulaire *seul* aurait droit de présider le conseil mais non son délégué. D'un autre côté, toutes les raisons qui ont été données pour maintenir la présidence au préfet s'appliquent naturellement à son délégué.... La solution me paraît donc éminemment délicate, et ce n'est qu'avec une grande hésitation que je me permets de dire : il n'y a plus d'autre président possible que le préfet titulaire ou le président nommé par l'Empereur. » (2)

Il nous semble, à nous aussi, qu'il serait fort difficile de faire découler une tout autre conséquence des termes de l'article 4 de la loi de 1865.

---

(1) *Rapport* de la Commission.
(2) *Journal du droit administratif*, tome XIII, page 280.

PARAGRAPHE IV.

De la création d'un Greffe auprès des Conseils de préfecture.

SOMMAIRE.

100. Le Secrétaire-Greffier est nommé par le Préfet.
101. Il est chargé de la conservation et de l'expédition des arrêtés du Conseil de préfecture.
102. Nécessité reconnue d'un Greffe auprès de ces Conseils.

100. — Comme les tribunaux de l'ordre judiciaire, les Conseils de préfecture possèdent maintenant un Greffe dont le chef prend le titre de Secrétaire-Greffier, et est nommé par le Préfet parmi les employés de la préfecture. (1)

101. — Le Secrétaire-Greffier tient la plume au conseil, conserve les minutes et délivre les expéditions des arrêtés. C'est à lui que doivent être remis les mémoires introductifs d'instance, dont il est tenu de délivrer récépissé. Il donne communication des diverses pièces des dossiers, suit attentivement les moindres mouvements des affaires pendantes, en constate toutes les phases et correspond avec les parties.

102. — « L'institution d'un Greffe, dit M. Tisserandot, était une mesure bien désirable et depuis longtemps vivement réclamée. Son absence mettait le Conseil de préfecture dans l'impossibilité de se rendre compte du mouvement des affaires contentieuses de sa compétence. Il ne pouvait en surveiller l'instruction et se rendre aussi utile au préfet qui ne peut pas tout

---

(1) Décret du 30 décembre 1862, art. 5; — Loi du 21 juin 1865. art. 7.

voir. Ces affaires disséminées dans les bureaux et confondues avec la masse déjà si considérable des affaires purement administratives, n'arrivaient au conseil que lorsqu'on les jugeait en état de recevoir jugement. De-là les retards inévitables et quelquefois une mauvaise direction donnée sans le concours du tribunal chargé de statuer. A l'avenir, il n'en sera plus ainsi. Les affaires contentieuses seront enregistrées au Secrétariat du conseil, où elles seront instruites séparément, et en quelque sorte sous les yeux du Conseil de préfecture, qui pourra donner son avis sur l'instruction et presser la solution. » (1)

Cette institution, si ardemment sollicitée avant le décret de 1862, est devenue une suite toute naturelle de la publicité des audiences des Conseils de préfecture.

PARAGRAPHE V.

Exception au principe de la Publicité des séances des Conseils de préfecture.

SOMMAIRE.

103. Les audiences consacrées aux affaires relatives à la comptabilité ne sont pas publiques.

104. Motif de cette exception.

105. Y a-t-il opportunité à ce qu'elle soit étendue aux matières de contributions directes ?

106. Il ne le semble nullement.

107. Il serait peut-être même préférable qu'il n'existât aucune exception au principe général de la publicité.

108. Il y aurait convenance à accorder le débat oral au Comptable qui en réclame le bénéfice.

103.— Bien que l'on ait accordé la publicité aux

(1) *Nouveau régime des Conseils de préfecture*, page 39.

séances des Conseils de préfecture en matière contentieuse,. il est une exception expressément écrite dans la
loi en ce qui concerne les cas de comptabilité.

On sait qu'aux termes de l'article 66 de la loi du 18
juillet 1837, ces conseils jugent et apurent les comptes
des trésoriers des Hôpitaux et autres Etablissements
de bienfaisance ainsi que ceux des receveurs municipaux, définitivement ou sauf recours à la Cour des
Comptes, selon que la somme excède ou non *trente
mille francs*. Quoique, dans ces circonstances, la matière dépende assurément du contentieux, les audiences ne sont pas publiques. (1)

104.— MM. Paul Dupont et Napoléon Bacqua de
Labarthe, faisant suivre d'une note l'article 6 du décret
du 30 décembre, sont d'avis que « cette exception à
la règle de la publicité pour les comptes des receveurs
des Communes et des Etablissements de bienfaisance
était commandée par la nécessité de ne pas entraver,
par une discussion publique, le jugement des affaires
de cette nature dont le nombre est considérable, surtout dans les grandes villes. » (2)

Il faut convenir, en effet, que si le débat oral constitue une des plus précieuses garanties d'une excellente
justice, il ne permet pas, d'un autre côté, d'expédier
les affaires avec la même célérité. Mais ne vaudrait-il
pas mieux sacrifier la promptitude, immense avantage
sans doute! à la publicité, élément si rassurant ?.....

105.— « L'article 6 du décret du 30 décembre

(1) Décret du 30 décembre 1862, art. 6 ; — Loi du 21 juin
1865, art. 10.
(2) *Bulletin annoté des Lois*, année 1863, page 62.

1862, affirme M. Reverchon, dispose que les comptes des receveurs des Communes et des Etablissements de bienfaisance, ne seront pas jugés en séance publique. Nous ne critiquons pas, quant à nous, cette exception à la règle de la publicité, nous nous demandons même s'il n'aurait pas fallu l'étendre également, si non à toutes les réclamations en matière de contributions directes (comme le faisait l'article 19 du projet de loi de 1851), du moins à quelques unes de ces réclamations. Nous craignons que devant certains Conseils de préfecture, notamment à Paris, le jugement de ces réclamations, dont le nombre annuel est très-considérable, ne soit entravé ou ralenti par la discussion publique, et nous ne croyons pas qu'aucun intérêt fût lésé. » (1)

106.— Bien que nous ne supposions pas davantage que l'intérêt des justiciables se trouvât, en réalité, le moins du monde compromis par la mesure qui consisterait à refuser désormais le bénéfice de la publicité des audiences, en cette matière, nous estimons néanmoins qu'il est bon de restreindre le plus possible l'exception de non publicité, et de ne l'étendre surtout que dans le cas où un *impérieux* besoin en imposerait l'obligation. Il nous paraît donc entièrement à propos, s'il faut *absolument* une exception, de laisser les choses dans l'état, la publicité des débats formant, à coup sûr, un des principaux éléments — le premier sans doute — de notre droit français.

107.— M. Chauveau Adolphe va même plus loin. « Dans les projets qui ont été proposés à plusieurs

(1) Journal *Le Droit*, du 20 février 1863.

époques, écrit-il, on avait cu la pensée d'excepter les réclamations relatives aux contributions directes de la publicité et de la défense orale. On avait cherché à simplifier les formes à tel point qu'il eût fallu une législation particulière pour cette partie des attributions des Conseils de préfecture. C'eût été, à mon sens, une très-grande faute. » Et il ajoute en note: « Si j'éprouve un regret, c'est que l'examen des comptes communaux n'ait pas obtenu la même faveur. Cette partie spéciale des attributions des Conseils de préfecture est peut-être, de toutes, la plus délicate. Ce ne doit pas être une simple homologation. Les habitants d'une commune ont le plus grand intérêt à connaître, à apprécier, à critiquer la gestion des deniers communaux. Au moins faudrait-il que, si des injonctions doivent être faites à des receveurs municipaux, le Conseil les appelât à la chambre du conseil pour répondre aux conclusions du ministère public. » (1)

Qui ne saisira le bon sens pratique et la portée considérable de cette dernière observation du célèbre professeur de la Faculté de Toulouse ?....

108.— Dans une fort belle dissertation insérée dans le *Journal du droit administratif*, cahier de janvier 1866, un homme compétent, un ancien conseiller de préfecture aujourd'hui Sous-Préfet de Villefranche (Haute-Garonne), M. C. Jolivot, veut, au sujet du jugement des comptes, que la seule différence qui existe entre les affaires de comptabilité et les autres matières contentieuses, consiste en ce que la publicité de l'au-

(1) *Journal du droit administratif,* tome XII, page 129.

dience est acquise aux unes, tandis qu'elle est refusée aux autres. Il affirme, dès lors, que le Commissaire du Gouvernement doit être entendu dans ses conclusions, et que « le débat oral est de droit lorsqu'il est réclamé par le comptable ou son mandataire, mais à huis clos. » Cette interprétation est adoptée par un *Modèle* d'arrêté faisant suite à une circulaire de M. le Ministre des Finances, en date du 30 janvier 1866.

PARAGRAPHE VI.

Extension de la compétence des Conseils de préfecture.

SOMMAIRE.

109. Les arrêtés pris par le préfet *en Conseil de préfecture* sont de pures décisions préfectorales.
110. Rectification *d'erreurs* commises en 1809 et en 1816.
111. La connaissance des matières contentieuses de la compétence du préfet *en Conseil de préfecture* est renvoyée devant ce conseil lui-même.
112. Rejet de l'amendement de M. Josseau.
113. Il aurait cependant dû être pris en considération.
114. Peut-être se décidera-t-on bientôt à y faire droit.

109. — Sans parler de la controverse qui, dans le principe, s'est manifestée parmi les jurisconsultes, au sujet de savoir si un arrêté pris par le préfet *en Conseil de préfecture* constitue, oui ou non, une véritable décision émanant de ce conseil lui-même, nous dirons que, depuis longtemps, la question a été résolue, et que tout le monde admet aujourd'hui que c'est bien une sentence purement *préfectorale*. En convenant nonobstant de ce fait, la doctrine constatait générale-

ment qu'il était plus rationnel de renvoyer devant le
Conseil de préfecture la connaissance des matières sur
lesquelles le préfet statuait en conseil.

110. — Déjà, en 1851, on introduisit dans un projet
de loi une modification à ce sujet, modification qui a
été reproduite, mais en la généralisant, par le texte
législatif récent. Le Législateur de 1865 a voulu, en
effet, « rectifier une *erreur* de rédaction qui s'était
glissée dans le décret du 17 mai 1809 sur les Octrois,
et dans la loi du 28 avril 1816 sur les Contributions
indirectes. » (1) Le nouveau projet de loi a entre autres choses pour but, annonce le Rapport de la Commission chargée de son examen, « d'étendre la compétence des Conseils de préfecture à quelques cas qui
devaient naturellement lui appartenir et qui lui échappaient, *plutôt par une erreur de rédaction que par une
intention arrêtée du Législateur.* »

Comme on le voit, on a tenu, en 1865, à réparer
une *erreur* commise en 1809 et en 1816, relativement à
certaines contestations soit entre les Communes et les
Régisseurs des Octrois, soit entre les Employés et les
Débitants de boissons, contestations qui étaient à tort
précédemment déférées au préfet en Conseil de préfecture.

111. — Le Législateur de 1865 a fait plus encore.
Trouvant que cette compétence du préfet en Conseil
de préfecture était réellement singulière, il la lui a en-
levée, en lui laissant cependant intact le droit de juger *seul*, sans prendre d'*avis*, dans les diverses matiè-

(1) *Exposé des motifs* de la loi du 24 juin 1865.

res légalement dévolues à sa juridiction propre.

Toutes les affaires contentieuses dont la connaissan
ce était attribuée au préfet en Conseil de préfecture
seront dorénavant portées devant le Conseil de préfecture lui-même, sauf recours au Conseil d'Etat, conformément à l'article 11 de la loi du 21 juin. Cet article
ne se borne pas à énumérer les dispositions législatives
qu'on se proposait tout d'abord d'abroger ; il va plus
loin : il généralise et renvoie, sans exception, devant
le Conseil de préfecture *toutes* les affaires sur lesquelles décidait contentieusement par le passé le préfet *en
conseil*.

112.— A l'occasion de l'article 11, M. le député
Josseau a réclamé l'abrogation du paragraphe 7 de
l'article 4 de la loi de pluviôse an VIII établissant que
les Conseils de préfecture connaîtront du contentieux
des *Domaines nationaux.* Mais la Commission chargée
d'examiner le projet de loi a repoussé son amendement
par la raison que « les questions de ce genre, très-
importantes et très-fréquentes aux époques rapprochées
de celles où les Conseils de préfecture furent institués,
sont devenues fort rares de nos jours, et que, dès lors,
elle n'a pas trouvé de motifs suffisants pour toucher à
cette législation spéciale. »

113.— Nous ne concevons guère, à la vérité, que
les honorables membres de la Commission n'aient pas
jugé à propos d'acquiescer à la proposition si raison-
nable et si opportune de M. Josseau. Ce n'est pourtant
pas la première fois que l'abrogation de ce paragraphe
a été sollicitée; et il faut d'ailleurs convenir que, *ratio-*

ne materiæ, la juridiction administrative ne devrait nullement connaître des questions de cette nature, quelques rares qu'elles soient devenues, mais bien les tribunaux civils auxquels sont dévolus les différents concernant la propriété. C'est une sorte de *déclassement* qu'a effectué la loi de pluviôse, exception qui devrait prendre fin à présent que les motifs qui l'avaient justement provoquée n'existent plus. On comprend aisément qu'en l'an VIII, la connaissance des ventes domaniales ait été, grâce à des considérations politiques, déférée à des juges de l'administration : « c'était, rapporte M. Josseau, pour mieux assurer la consolidation des domaines vendus nationalement dans les mains des personnes qui, par suite de ces ventes, en étaient devenues propriétaires. » Mais les temps sont changés, et cette dérogation au droit commun a perdu sa raison d'être, alors surtout que les difficultés résultant d'*acquisitions* faites par l'Etat lui-même rentrent dans le domaine de la compétence de l'autorité judiciaire. Le maintien de cet état de choses est excessivement fâcheux; car, sans avantage aucun, il expose les justiciables à des lenteurs et à des frais plus considérables.

« On sait, dit M. Reverchon dans un très-bel article sur la *Publicité des audiences des Conseils de préfecture*, que le paragraphe 7 de l'article 4 de la loi du 28 pluviôse an VIII a chargé les Conseils de préfecture, de prononcer sur le *contentieux des Domaines nationaux*. Même sous le premier Empire, le Conseil d'Etat a pris soin de déclarer que la juridiction administrative était, à cet égard, investie d'une attribution *politique et d'exception* (arrêts des 12 décembre 1811, 6 novembre 1813, etc); en d'autres termes, il a expressément reconnu que, par sa nature, cette attribution appartiendrait à l'autorité judiciaire, si la loi n'en avait pas disposé autrement. Le motif, ainsi caractérisé, de cette dérogation aux règles ordinaires du droit, a subsisté, il faut le reconnaître, jusqu'à la loi du 27 avril 1825, relative à l'indemnité des émigrés; il faut reconnaître aussi que les Conseils de préfecture et le Conseil d'Etat ont rendu, en cette matière, d'incontestables services à la paix publique et à la sécurité des propriétés. Mais il n'existe depuis longtemps aucune raison de maintenir cet état de choses, et l'intérêt des parties en réclame, au contraire, l'abrogation. » (1)

« La Commission ne saurait ignorer, reprend, de son côté, M. Josseau, que, depuis un certain nombre d'années, l'article 4 de la loi de pluviôse an VIII a été étendu à toutes les aliénations de domaines nationaux, sans aucune réserve, sans aucune acception d'origine. Que résulte-t-il de là ? Que lorsque devant les tribunaux ordinaires des titres contenant des réserves domaniales par exemple, sont invoqués, ces tribunaux sont obligés de surseoir, de rendre des décisions préjudicielles jusqu'à ce que la juridiction administrative se soit préalablement prononcée sur la valeur ou le sens de ces titres. Les parties sont alors renvoyées devant le Conseil de préfecture, devant le Conseil d'Etat. Après

---

(1) Journal *Le Droit*, du 25 février 1863.

ces involutions de procédure longues et coûteuses, trouvent-elles du moins une solution définitive ? Non Il faut revenir devant les tribunaux. Parfois même il arrive que la juridiction administrative délaisse les parties, c'est-à-dire les renvoie devant les tribunaux ordinaires, en se bornant à reproduire textuellement dans leur décision les termes et clauses des titres qu leur avaient été déférés. De sorte qu'après toutes ces inutiles procédures, les parties reviennent en définitive devant les tribunaux exactement dans la situation où elles étaient au paravant.

« Voilà, Messieurs, la législation à laquelle la Commission..... n'a pas trouvé de motifs suffisants pou toucher.

« Je crois, au contraire, que les motifs pour lesquels l'article 4 de la loi de pluviôse a été fait n'existent plus aujourd'hui, et qu'il y a lieu de modifier en ce point la compétence des Conseils de préfecture. » (1)

114.— L'éminent Commissaire du Gouvernement. M. Boulatignier, a reconnu toute la portée des observations présentées par M. Josseau et a répondu, e conséquence, d'une façon qui permet d'espérer qu'a vant peu satisfaction pourra être donnée à l'opinior

« La question que soulève l'honorable M. Josseau, a-i il répliqué, est très-sérieuse : c'est la question de sa voir si, maintenant, les contestations relatives à la va lidité des biens appartenant à l'Etat doivent être portée devant la juridiction administrative ou devant l'autorit judiciaire!

(1) *Moniteur* du 28 mai 1865.

« Il est très-vrai qu'en présence de l'article 4 de la loi du 28 pluviôse an VIII la juridiction du Conseil d'Etat décide que ces contestations doivent être portées devant les Conseils de préfecture.

« On fait à cela des objections qui sont très-sérieuses. Il est très-naturel qu'on n'ait pas soulevé toutes les questions relatives à la compétence des Conseils de préfecture, à l'occasion du projet de loi dont la discussion s'achève, surtout dans l'esprit où ce projet a été préparé; mais la question dont il s'agit *pourrait d'ici à peu de temps être soumise à la Chambre* qui est saisie de projets d'aliénations de biens de l'Etat. Au surplus, M. Josseau a reconnu lui-même que nous étions au dernier article de la loi et qu'il voulait, en quelque sorte, constater seulement qu'il posait une question sérieuse : ce dont personne ne peut douter, quand la question vient de lui. » (1)

PARAGRAPHE VII.

Du recours au Conseil d'Etat.

SOMMAIRE.

115. Les Conseils de préfecture sont à la fois juges du contentieux et juges de répression.

116. Faculté de recourir au Conseil d'Etat, en matière de contraventions, sans le ministère d'un avocat.

117. Importance du récépissé à délivrer par les Employés des Préfectures et Sous-Préfectures à la personne qui dépose le mémoire constitutif d'un pourvoi.

115. — Le paragraphe 5 de l'article 4 de la loi de

_____

(1) *Moniteur* du 28 mai 1865.

pluviôse attribue aux Conseils de préfecture la
connaissauce des difficultés qui peuvent surgir en matière de *grande voirie*. De cette attribution pleinement
absolue, il résulte que ces conseils détiennent une double juridiction : en même temps qu'ils siégent comme
juges du contentieux, ils statuent aussi en qualité de
tribunaux de répression.

La loi du 29 floréal an X vient à l'appui du texte
de l'an VIII ; car, après avoir énuméré, dans l'article
premier, les diverses contraventions qui seront constatées, réprimées et poursuivies par voie administrative,
elle ajoute, article 4, que les Conseils de préfecture statueront définitivement.

L'article 17 de la loi du 30 mai 1851 établit encore
que certaines contraventions en matière de *police du
roulage* seront jugées par le Conseil de préfecture du
département où a été dressé le procès-verbal.

Conformément à l'article 11 de la loi du 17 juillet
1819, les contraventions aux *servitudes militaires* sont
constatées par procès-verbaux des gardes du génie et
réprimées par les Conseils de préfecture. Cette disposition s'en réfère d'ailleurs à la loi du 29 floréal an X.

Les articles 31 et 38 de l'ordonnance royale du 1er
août 1821 corroborent en tous points la loi de 1819.

Tels sont les cas dans lesquels s'exerce principalement l'action répressive des Conseils de préfecture.

Ces conseils outrepasseraient toutefois leurs pouvoirs
s'ils prononçaient sur une contravention dont l'autorité
compétente ne les aurait point elle-même saisis (25

janvier 1866 : *Dupuis contre Chemin de fer d'Alger à Blidah et Bœnsch*).

116.— C'est dans ces diverses circonstances que l'article 12 de la nouvelle loi est applicable, lorsqu'il décide, que « le recours au Conseil d'Etat contre les arrêtés des Conseils de préfecture relatifs aux contraventions dont la répression leur est confiée par la loi, peut avoir lieu par simple mémoire, déposé au secrétariat-général de la Préfecture ou à la Sous-Préfecture, et sans l'intervention d'un avocat au Conseil d'Etat. »

Cet article déroge à la règle générale qui prescrit, sauf exception, l'intermédiaire d'un avocat au conseil pour interjeter recours au Conseil d'Etat. Le décret réglementaire du 22 juillet 1806 est formel : le recours des parties au Conseil d'Etat, en matière contentieuse, sera formé par requête signée d'un avocat au conseil. Telle est la disposition de l'article premier. Suivant l'article 44 du même règlement, les avocats au conseil possèdent exclusivement le droit de faire, devant la Commission du contentieux, tous les actes d'instruction et de procédure.

Comme nous l'avons déjà vu, cette règle souffre plusieurs exceptions, en ce qui concerne notamment les recours relatifs aux Contributions directes (article 30 de la loi du 21 avril 1832) et à la Police du roulage (article 25 de la loi du 30 mai 1851). L'article 12 de la loi de 1865, généralisant, autorise les parties à ne pas recourir à l'intervention d'un avocat, en matière de contraventions.

Il faut toutefois remarquer que le Législateur n'impose nullement ce mode de procéder. Le recours *peut* avoir lieu, déclare-t-il, par simple mémoire, etc... D'après cette expression : *peut*, on est admis à conclure que, si on aime mieux se faire représenter par un avocat, même en matière de contraventions, on en conserve la faculté. Mais, dans le cas où on préférerait prendre la voie plus prompte et moins dispendieuse qu'édicte la loi, la requête introductive d'instance doit être signée par l'appelant lui-même et déposée entre les mains du Secrétaire-général ou du Sous-Préfet.

117.— Le second paragraphe de cet article 12 prescrit la délivrance au déposant d'un *Récépissé* du mémoire qui est ensuite transmis sans retard au Secrétariat-général du Conseil d'Etat.

On comprend aisément que la remise à la partie intéressée de ce récépissé est de la plus haute importance et doit être effectuée aussitôt après le dépôt du mémoire qu'il a pour but de constater.

« En général, assure M. Chauveau Adolphe, il n'est point délivré de récépissé à ceux qui déposent des pièces dans les bureaux de l'administration. Je regarde que c'est un droit pour tout déposant d'obtenir immédiatement la preuve du dépôt. J'en ai fait plusieurs fois l'observation dans mon *Journal* et dans mon *Code d'Instruction administrative*. Je remarque que le Législateur ne manque pas de prescrire le récépissé toutes les fois qu'il parle d'un dépôt, en matière administrative. » (1)

---

(1) *Journal du droit administratif*, t. XIII, page 300.

PARAGRAPHE VIII.

De la Police des audiences des Conseils de préfecture.

118.— De ce que les séances des Conseils de préfecture sont devenues publiques, il s'en suit tout naturellement que le Président doit être mis à même de contraindre l'auditoire au silence et au respect dû aux Magistrats, pendant le cours des débats et le prononcé de la sentence.

En conséquence, la loi nouvelle a rendu applicables aux audiences de ces conseils les dispositions des articles 85, 88, 89, 90, 91, 92 et 1036 du Code de procédure civile. (1)

Article 85.— « Pourront les parties, assistées de leurs avoués, se défendre elles-mêmes : le tribunal cependant aura la faculté de leur interdire ce droit, s'il reconnaît que la passion ou l'inexpérience les empêche de discuter leur cause avec la décence convenable ou la clarté nécessaire pour l'instruction des juges.

Article 88.— « Ceux qui assisteront aux audiences se tiendront découverts, dans le respect et le silence : tout ce que le Président ordonnera pour le maintien de l'ordre sera exécuté ponctuellement et à l'instant.

(1) Loi du 21 juin 1865, art. 13.

9.

La même disposition sera observée dans les lieux où, soit les juges, soit les procureurs du roi exerceront des fonctions de leur état.

Article 89. — « Si un ou plusieurs individus, quels qu'ils soient, interrompent le silence, donnent des signes d'approbation ou d'improbation, soit à la défense des parties, soit aux discours des juges ou du ministère public, soit aux interpellations, avertissements ou ordres des président, juge-commissaire ou procureur du roi, soit aux jugements ou ordonnances, causent ou excitent du tumulte de quelque manière que ce soit, et si, après l'avertissement des huissiers, ils ne rentrent pas dans l'ordre sur-le-champ, il leur sera enjoint de se retirer, et les résistants seront saisis et déposés à l'instant dans la maison d'arrêt pour vingt-quatre heures ; ils y seront reçus sur l'exhibition de l'ordre du Président, qui sera mentionné au procès-verbal de l'audience.

Article 90. — « Si le trouble est causé par un individu remplissant une fonction près le tribunal, il pourra, outre la peine ci-dessus, être suspendu de ses fonctions ; la suspension, pour la première fois, ne pourra excéder le terme de trois mois. Le jugement sera exécutoire par provision, ainsi que dans le cas de l'article précédent.

Article 91. — « Ceux qui outrageraient ou menaceraient les juges ou officiers de justice dans l'exercice de leurs fonctions, seront, de l'ordonnance du président, du juge-commissaire ou du procureur du roi, saisis et déposés à l'instant dans la maison d'arrêt, interrogés dans les vingt-quatre heures, et condamnés par le tribunal, sur le vu du procès-verbal qui constatera le délit, à une détention qui ne pourra excéder le mois, et à une amende qui ne pourra être moindre de vingt-cinq francs ni excéder trois cents francs. Si le délinquant ne peut être saisi à l'instant, le tribunal prononcera contre lui, dans les vingt-quatre heures, les peines ci-dessus, sauf l'opposition que le condamné pourra former dans les dix jours du jugement, en se mettant en état de détention.

Article 92. — « Si les délits commis méritaient peine afflictive ou infamante, le prévenu sera envoyé en état de mandat de dépôt devant le tribunal compétent pour être poursuivi et puni suivant les règles établies par le Code d'instruction criminelle.

Article 1036. — « Les tribunaux, suivant la gravité des circonstances, pourront, dans les causes dont ils seront saisis, prononcer, même d'office, des injonctions, supprimer des écrits, les déclarer calomnieux, et ordonner l'impression et l'affiche de leurs jugements. »

Il est bon de remarquer que l'article 504 du Code d'instruction criminelle apporte, au besoin, une très-sensible modification à l'article 89 du Code de procédure précité, en ce sens que, pour ordonner l'arrestation des délinquants, il n'est nul besoin qu'ils aient été auparavant *avertis* par l'huissier de service. (1)

_____

(1) Article 504 du Code d'instruction criminelle : « Lorsqu'à l'audience ou en tout autre lieu où se fait publiquement une instruction judiciaire, l'un ou plusieurs des assistants donneront des signes publics soit d'approbation, soit d'improbation, ou exciteront du tumulte, de quelque manière que ce soit, le président

La disposition de l'article 91 du Code de procédure civile peut être remplacée, en outre, par celle des articles 222 et suivants du Code pénal qui infligent des peines plus sévères. (1)

119.— Si les divers textes que nous venons de rappeler sont éminemment nécessaires, comme l'a reconnu la loi de 1865, pour que la police soit maintenue au sein des séances rendues publiques des Conseils de préfecture, il nous paraît, en revanche, fort étrange que l'on ait laissé de côté ceux des articles 86 et 87 du même Code.

En effet, les parties conservent le droit, devant ces conseils, de faire présenter leurs observations par des mandataires; or, pourront-elles choisir précisément pour mandataires les membres composant le conseil ? Il n'est point vraisemblable que le Législateur ait eu la pensée de tolérer un pareil état de choses; car il est manifeste que l'action de se rendre à la barre pour soutenir les prétentions des plaideurs s'associerait mal avec la réserve, la dignité et l'impartialité dont doit s'entourer sans cesse le Magistrat en activité de service. Pourquoi dès lors garde-t-il le silence à ce sujet?

Le second paragraphe de l'article 86 renferme une exception à la règle générale inscrite dans le premier :

---

ou le juge les fera expulser; s'ils résistent à ces ordres, ou s'ils rentrent, le président ou le juge ordonnera de les arrêter et conduire dans la maison d'arrêt : il sera fait mention de cet ordre dans le procès-verbal; et sur l'exhibition qui en sera faite au gardien de la maison d'arrêt, les perturbateurs y seront reçus et retenus pendant vingt-quatre heures. »

(1) Code pénal, Livre III, Titre I : *Outrages et violences envers les Dépositaires de l'autorité et de la force publique.*

il autorise les conseillers des Cours impériales, les juges des tribunaux et les officiers du ministère public à plaider leurs causes personnelles ainsi que celles de leurs propres parents et de leurs pupilles. Cette dernière disposition est à nos yeux quelque peu exorbitante; aussi estimons-nous qu'il vaudrait mieux qu'elle n'eût pas été formulée. Il nous paraîtrait assurément plus convenable que le Magistrat en fonctions ne pût, dans aucune circonstance, descendre dans l'arène des combats judiciaires.

L'article 87 du Code de procédure civile devrait aussi, selon nous, être applicable aux séances des Conseils de préfecture. Il peut arriver que les débats de telle ou telle affaire soient susceptibles d'amener du désordre et du scandale. En quelque grande considération que nous tenions le principe rationnel et éminemment rassurant de la publicité, il nous semble que ce principe doit forcément fléchir dans ce cas ; car il importe avant tout que l'ordre et la décence règnent dans le sanctuaire de la justice; et le temple de la justice administrative n'est pas moins le sanctuaire de la justice, que le temple de la justice civile. Ce n'est d'ailleurs que l'audition des dépositions des témoins et des plaidoiries des avocats qui peut être interdite au public; quant à la décision qui intervient, elle est prononcée après que le huis-clos a été levé, que les portes ont été rouvertes et que tout le monde a été mis à même de pénétrer dans la salle d'audience. Il n'y aurait donc aucun obstacle à armer les Conseils de préfecture de cette prudente mesure. Il est possible, du reste, probable même que cette lacune ne se fera pas souvent sentir, dans la pratique, devant cette juridiction ; mais il suffit que cela puisse arriver une fois seulement, pour qu'il soit infiniment regrettable que le bénéfice de cette sage disposition ne leur ait pas été concédé.

PARAGRAPHE IX.

Du Règlement d'administration publique.

SOMMAIRE.

120. En attendant qu'il soit statué par une loi, un règlement d'administration publique interviendra, pour déterminer la procédure à suivre devant les Conseils de préfecture.

121. Les règles concernant la procédure sont de deux sortes.

122. Motifs de la délégation réclamée par le Gouvernement au sujet de la rédaction de ce règlement

123. Du délai de cinq ans pour la confection de la loi de procédure.

120. — Après avoir établi la publicité des audiences des Conseils de préfecture et organisé conséquemment le personnel, tout n'était point encore terminé. Il restait à formuler la procédure dorénavant à suivre devant ces conseils. C'est ce qui fait l'objet de l'article 14 de la récente loi.

Cet article déclare qu'un règlement d'administration publique va bientôt paraître qui aura pour but de déterminer :

1o Dans quels délais et dans quelles formes les décisions des Conseils de préfecture seront attaquables ;

2o Quelles règles on sera tenu d'observer spécialement pour les enquêtes, les expertises et les visites de lieux ;

3º Ce qui concerne les dépens.

Le texte ajoute enfin qu'avant que cinq années se soient écoulées, une loi statuera.

La délégation faite au Pouvoir exécutif est incontestablement fort étendue.

121. — Les règles relatives à la procédure n'ont pas toutes le même caractère et la même importance. « Les unes, soutient M. le Ministre de l'intérieur Marquis de La Valette, sont en quelque sorte des mesures d'ordre, à savoir, tout ce qui concerne l'introduction des affaires devant le Conseil de préfecture, la formation des dossiers, les communications aux administrations et aux parties intéréssées, l'organisation de la séance publique, la rédaction, l'expédition et la conservation des décisions prises par le conseil.

« Les autres mesures ont une portée plus considérable et une grande influence sur les droits des parties. Il s'agit des moyens à employer par le Conseil de préfecture pour s'éclairer sur les faits contestés devant lui : enquêtes, expertises, visites de lieux; des conditions dans lesquelles doivent être rendues les diverses espèces de décisions, des formes et des délais dans lesquels elles peuvent être attaquées, enfin des dépens. » (1)

122.— Le décret de l'Empereur, en date du 12 juillet 1865, traite des mesures dont il est question en premier lieu; les secondes feront l'objet du réglement d'administration publique annoncé.

« Quant au nouveau réglement pour lequel nous

_____
(1) *Rapport* précédant le décret du 12 juillet 1865.

avons demandé une délégation, dit M. Boulatignier,
voici les motifs qui nous font désirer qu'il ne soit con-
verti en loi qu'après un délai de cinq ans.

« La délégation était demandée surtout pour les enquêtes, les décentes de lieux et les expertises.

« Il y a certainement, dans la jurisprudence du Conseil d'Etat, la possibilité de trouver des règles qui peuvent guider sur ces matières; mais précisément parce
qu'il y a des règles contestées, il n'est pas souhaitable
d'y persister sans qu'elles soient soumises à une révision.

« Or, beaucoup d'entre vous, Messieurs, le savent
peut-être, il existe en ce moment à la Chancellerie une
Commission chargée d'examiner les modifications à introduire dans la procédure civile, précisément sur ces
objets. Nous désirons attendre le résultat des travaux
de cette Commission pour savoir ce qui pourrait lui
être emprunté.

« Sans doute la procédure administrative a des caractères particuliers; cependant elle se conforme,
autant que possible, aux grands principes, aux règles
fondamentales de la procédure ordinaire. » (1)

123.— M. le député Ernest Picard ayant demandé
pour quelle raison la loi de procédure touchant l'organisation des Conseils de préfecture ne paraîtrait que
dans cinq ans, M. Quentin-Bauchard, Commissaire du
Gouvernement et président de section au Conseil d'E-
tat, a fait la réponse suivante : « Il sera statué nécessairement avant l'expiration du délai de cinq années.

(1) *Moniteur* du 28 mai 1865.

Il va de soi qu'aussitôt la promulgation de la loi, le
Gouvernement et le Conseil d'Etat s'occuperont de
faire le règlement sur la procédure. Ce règlement sera
immédiatement appliqué. Comme il doit contenir des
prescriptions et des règles nouvelles qui n'ont pas été
expérimentées, qu'il ne s'agit pas de reproduire la
procédure telle qu'elle existe devant les tribunaux mais
de déterminer une procédure dans une tout autre forme, plus simple, plus rapide et moins coûteuse, il
convient de donner le temps de l'essayer. Après cinq
années tout le monde saura à quoi s'en tenir sur les
avantages et les inconvénients possibles du règlement.
Alors il sera soumis au Corps Législatif, et le Corps
Législatif, s'il trouve que quelques dispositions soient
susceptibles de modifications utiles, les fera, et nous y
applaudirons. » (1)

« Quel a été notre but, ajoute M. Boulatignier, en
demandant le délai de cinq ans ?

« De pouvoir vous apporter une œuvre digne de
vous, une œuvre capable de prendre le caractère d'une
loi définitive.

« Le Gouvernement prend sur lui, avec votre délégation, la responsabilité de faire l'essai des dispositions
nouvelles; et quand l'essai aura été fait pendant un
temps convenable, il vous apportera le résultat de son
expérience, et vous pourrez naturellement y joindre
les résultats de la vôtre.

« Si les modifications que nous aurons introduites
au moyen de votre délégation ne vous paraissent pas

(1) *Moniteur* du 28 mai 1865.

suffisantes, nous les discuterons, si nous sommes encore ici, ou elles seront discutées par nos successeurs
avec le même esprit de sincérité, avec le même désir
de concourir à la recherche du bien. (1) »

Ce n'est pas, comme on le voit, le règlement d'administration publique, dont il est question dans l'article 14 de la loi du 21 juin, qui fait l'objet du décret
impérial du 12 juillet 1865; mais il est vraisemblable
qu'il ne tardera cependant pas à être inséré au *Bulletin des Lois.*

CHAPITRE XII.

Attributions consultatives des Conseils de préfecture.

SOMMAIRE.

124. Les Conseillers de préfecture constituent le conseil ordinaire et permanent du Préfet.

125. Ce Magistrat est obligé de les consulter dans certaines
circonstances.

126. Conséquences de la loi du 18 juillet 1866 relativement
aux aliénations, échanges et acquisitions de propriétés départementales.

124.— Outre les attributions contentieuses qui leur
ont été dévolues, les Conseils de préfecture possèdent
des attributions purement *consultatives*. Institués auprès du préfet, ils sont les conseillers naturels qu'il
peut toujours et *doit* même parfois consulter, alors
qu'un texte législatif le prescrit formellement.

« Les préfets, écrit M. Dufour, le célèbre avocat au

_____

(1) *Moniteur* du 28 mai 1865.

Conseil d'Etat et à la Cour de cassation, ne sont pas seulement des administrateurs plus ou moins habiles, ils constituent aussi des personnages politiques ; ils représentent sous ce rapport la pensée du Gouvernement. On conçoit donc sans peine qu'il est impossible de supposer que les hommes appelés à présider à l'administration départementale seront toujours préparés par de longues et patientes études, et éprouvés par la pratique des affaires dans les degrés inférieurs de l'administration. Leur instruction même leur permît-elle de distinguer et d'appliquer par eux-mêmes les principes les plus élevés du droit administratif, les réflexions et les hésitations que comporte toujours la solution des difficultés, ne sauraient se concilier avec les devoirs qui leur sont tracés. L'important est que le préfet agisse, que ses mesures soient promptement émises et rapidement exécutées ; il faut que son attention soit tout entière et à tout instant concentrée sur les besoins de son département et sur les moyens d'y satisfaire. Dans les circonstances impossibles à prévoir, plus encore peut-être que dans la conduite des affaires ordinaires, sa mission est de pourvoir aux nécessités du moment ; son fait est d'agir plutôt que de délibérer. Il est donc éminemment sage de placer près du préfet, pour le conseiller et l'éclairer, des hommes investis de la confiance du Gouvernement, et joignant à des connaissances spéciales en législation, l'habitude d'examiner et de résoudre les questions qui réclament l'application des grands principes d'administration. L'intérêt du département ne peut d'ailleurs en tirer qu'un précieux avantage. Les Conseils de préfecture prenant à l'administration une part active et réelle, ils connaissent les besoins des localités, restent les dépositaires des traditions administratives, et rattachent l'administration du préfet nouvellement nommé à l'administration du préfet remplacé. » (1)

125.— Le Préfet est notamment tenu de prendre l'avis du Conseil de préfecture :

1º Pour approuver les délibérations des conseils municipaux relatives au changement à opérer dans le mode de jouissance des biens d'une commune (Avis du Conseil d'Etat du 29 mai 1808);

2º Pour fixer le nombre d'hectares de terre où on peut cultiver le tabac, dans les départements autorisés (Loi du 28 avril 1816, art. 186);

3º Pour décider si la fourniture des tabacs aux manufactures impériales aura lieu par voie d'adjudication, de soumission, de traité avec les planteurs ou suivant les coutumes antérieures (Loi du 28 avril 1816, art. 187);

4º Pour déterminer le mode de livraison à faire à la Régie, et la nature de la surveillance à exercer au sujet des tabacs destinés à être exportés, lorsque les planteurs cultivent à la fois pour l'exportation, et pour l'approvisionnement des manufactures de France (Loi du 28 avril 1816, art. 204);

5º Pour recevoir, en paquets cachetés, les soumissions des concurrents, en matière d'adjudication de

(1) *Traité général de droit administratif appliqué*, 2me édition, tome II, numéro 92.

travaux publics (Ordon. du 10 mai 1829, art. 11);

6° Pour arrêter la liste d'admission des concurrents (Ordon. du 10 mai 1829, art. 12) ;

7° Pour annuler la délibération d'un conseil municipal traitant de matières étrangères à ses attributions (Loi du 21 mars 1831, art. 28) ;

8° Pour annuler la délibération d'un conseil municipal prise hors de sa réunion légale (Loi du 21 mars 1831, art. 29) ;

9° Pour régler, au moyen du tirage au sort et entre les séries électorales du département, l'ordre de renouvellement des conseils généraux (Loi du 22 juin 1833, art. 8) ;

10° Pour décider à quel canton appartiennent le conseiller général et le conseiller d'arrondissement qui, ayant été élus dans plusieurs circonscriptions électorales, n'ont pas dénoncé leur option dans le délai d'un mois (Loi du 22 juin 1833, art. 10) ;

11° Pour prononcer la nullité des actes d'un conseil général ou d'un conseil d'arrondissement hors de leur réunion légale (Loi du 22 juin 1833, art. 15) ;

12° Pour régler, par voie d'abonnement, les subventions mises à la charge des Entrepreneurs qui ont dégradé les chemins vicinaux (Loi du 21 mai 1836, art. 14) ;

13° Pour ordonnancer, sur le refus du Maire, une dépense autorisée et liquide (Loi du 18 juillet 1837, art. 61) ;

14° Pour rendre exécutoires les délibérations des conseils municipaux prises en vue de permettre au

Maire de donner main-levée des inscriptions hypothécaires intéressant la commune (Ordon. du 15 juillet
1840, art. 1er) ;

15° Pour approuver la délibération d'un conseil municipal ou d'un conseil d'administration relative à l'a-
liénation de biens appartenant aux communes ou aux
établissements publics (Loi du 3 mai 1841, art. 13) ;

16° Pour accepter les offres d'indemnité allouée à
suite d'expropriation de propriétés possédées par les
communes ou les établissements publics (Loi du 3 mai
1841, art. 26) ;

17° Pour délaisser, s'il y a lieu, aux riverains d'une
route impériale déclassée, un chemin d'exploitation
(Loi du 24 mai 1842, art. 2);

18° Pour répartir le contingent du département
entre les divers cantons (Loi annuelle sur le recrute-
ment militaire) ;

19° Pour faire, par arrondissements et par cantons,
la répartition du nombre des jurés, eu égard à la population du département (Loi du 4 juin 1853, art. 7) ;

20° Pour fixer la part contributive afférente au chef-
lieu et aux diverses communes du canton dans les
émoluments alloués au commissaire de police (Décret
du 28 mars 1852, art. 7) ;

21° Pour les transactions relatives aux contraventions
en matière de poudres à feu, quand le montant des
amendes et confiscations n'est pas supérieur à mille
francs (Décret du 25 mars 1852, art. 3, tableau C,
§ 1er);

22° Pour les locations amiables des propriétés de

l'Etat, si la somme annuelle n'excède pas cinq cents francs (Décret du 25 mars 1852, art. 3, tableau C, § 2) ;

23o Pour concéder des servitudes temporaires et révocables (Décret du 25 mars 1852, art. 3, tableau C, § 3) ;

24o Pour certaines concessions de biens usurpés, si la valeur ne dépasse pas deux mille francs (Décret du 25 mars 1852, art. 3, tableau C, § 4.) ;

25o Pour les cessions de terrains domaniaux faisant partie du tracé des routes impériales, départementales et vicinales (Décret du 25 mars 1852, art. 3, tableau C, § 5) ;

26o Pour certains échanges de parcelles de terre de routes déclassées (Décret du 25 mars 1852, art. 3, tableau C, § 6) ;

27o Pour la liquidation de dépenses ne s'élevant pas à plus de deux mille francs (Décret du 25 mars 1852, art. 3, tableau C, § 7) ;

28o Pour statuer sur les demandes tendant à être autorisé à élever divers établissements, dans les cas prévus par le code forestier (Décret du 25 mars 1852, art. 3, tableau C, § 8) ;

29o Pour la vente des produits façonnés des bois appartenant aux communes et aux établissements publics (Décret du 25 mars 1852, art. 3, tableau C, § 9) ;

30o Pour prendre une décision à l'occasion d'une infinité d'ouvrages et de travaux à exécuter dans les forêts des communes et des établissements publics,

lorsqu'ils sont entrepris dans un intérêt communal
(Décret du 25 mars 1852, art. 3, tableau C, § 10).

126.— A la suite du décret sur la décentralisation,
du 25 mars 1852, plusieurs de MM. les Préfets con-
sultèrent M. le Ministre de l'Intérieur sur la question
de savoir s'ils devaient désormais statuer seuls, sans le
concours du Conseil de préfecture, au sujet de maintes
affaires, spécialement les *aliénations*, les *acquisitions*,
les *échanges* et les *partages* de propriétés départementales et communales. « Aucun doute sérieux ne peut
exister sur ce point, répondit Son Excellence. Le but
du décret du 25 mars a été d'étendre les attributions
des préfets et non pas de modifier la forme de leurs
décisions. Or, si la loi du 18 juillet 1837, en décentralisant plusieurs objets, dans des limites fort étroites,
jugea utile d'ordonner que les préfets statueraient en
Conseil de préfecture, cette garantie est d'autant plus
nécessaire aujourd'hui que le pouvoir des préfets est
moins restreint et qu'il est même sans limite pour les
matières énumérées ci-dessus. Vous devez donc continuer, Monsieur le Préfet, à statuer en Conseil de
préfecture, dans toutes les matières où cette formalité
est prescrite par la loi du 18 juillet 1837, sans distinguer entre les cas où votre compétence dérive de
cette loi et ceux où vous la tenez du décret du 25
mars 1852. » (1)

Tout récemment, a été promulguée une excellente
loi, celle du 18 juillet 1866 qui, décentralisant dans le

_____

(1) *Bulletin officiel du Ministère de l'intérieur*, année 1852,
page 421.

vrai sens du mot, a considérablement accru l'importance et les attributions des Conseils généraux, en les
chargeant notamment de statuer *définitivement* sur
les « acquisitions, aliénations et échanges de propriétés départementales mobilières ou immobilières, quand
ces propriétés ne sont pas affectées à l'un des services énumérés au No 4. » (Art. 1er, No 1er). (1)

« Mais le Conseil (général), ajoute M. le Ministre de
l'Intérieur dans une circulaire adressée le 4 août 1866
à MM. les Préfets, mais le conseil, toujours compétent
lorsqu'il s'agit d'un contrat passé à l'amiable avec le
vendeur, cesse de l'être s'il y a lieu de recourir à l'expropriation pour cause d'utilité publique. Dans ce cas,
la loi du 3 mai 1841 et les ordonnances royales qui la
complètent conservent tout leur empire.

« Un décret délibéré en Conseil d'Etat sera de même nécessaire si la vente ou l'échange porte sur un
hôtel de préfecture ou de sous-préfecture, ou sur un
immeuble affecté, soit aux services judiciaires du département soit au casernement de la gendarmerie. La
nature des choses commandait cette restriction. Il s'a-
git ici, en effet, d'un intérêt général auquel l'autorité
supérieure ne peut rester étrangère, et l'on comprend
qu'elle se réserve alors le droit de contrôle que lui a
sagement conféré l'article 29 de la loi du 10 mai
1838. »

Voilà donc les Préfets dès aujourd'hui dessaisis du

_____

(1) No 4 de l'article 1er : « Changement de destination des
propriétés et des édifices départementaux autres que les Hôtels
de préfecture et de sous-préfecture et les locaux affectés aux cours
et tribunaux, au casernement de la gendarmerie et aux prisons. »

droit qu'ils détenaient en vertu du décret de 1852, en ce qui concerne les biens départementaux ; mais ils conservent encore celui qui ressort pour eux de l'article 46 de la loi de 1837 et qui s'applique aux biens communaux. Il pourrait bien arriver que la loi sur les Conseils municipaux qui va être prochainement soumise au vote du Corps Législatif, apportât une sensible modification à cette dernière situation.

« La pensée du Gouvernement, en présentant ce projet de loi (sur les Conseils généraux), a dit Son Exc. M. Vuitry, Ministre présidant le Conseil d'Etat, (Voir le Moniteur du 20 mai 1866) a été d'étendre, dans une mesure large, les attributions des Conseils généraux. Plein de confiance dans leurs lumières et leur patriotisme, il était convaincu qu'il pouvait s'en remettre à eux du soin de décider la plupart des affaires départementales...

« Dans la mesure dans laquelle le projet de loi a été présenté, c'est-à-dire en vue de modifier les attributions des Conseils généraux, et de les étendre, nous avons trouvé dans le sein de la Commission des sentiments conformes aux nôtres, et le désir d'étendre les attributions des Conseils généraux, sans rien enlever au pouvoir politique de ce qui est nécessaire à sa force et à son maintien. »

CHAPITRE XIII.

Attributions délibératives des Conseils de préfecture.

SOMMAIRE

127 Les Conseils de préfecture statuent sur les demandes en autorisation d'ester en justice présentées par les communes et les sections de commune.

127.— Les Conseils de préfecture remplissent une triple mission : ils sont institués pour juger une partie du contentieux administratif, donner des avis au préfet et exercer un droit de tutelle sur certaines personnes morales.

Aux termes du paragraphe 6 de l'article 4 de la loi du 28 pluviôse an VIII, ils prononcent sur les demandes en autorisation de plaider présentées par les communes et leurs sections. Plus tard, est venue la loi du 18 juillet 1837 qui, en confirmant cette disposition, trace avec un soin minutieux les règles à suivre dans les diverses circonstances où une commune, une section ont à soutenir, soit en demandant, soit en défendant, une action judiciaire.

128.— Il faut observer que le Conseil de préfecture n'est point appelé à accorder l'autorisation, quand l'instance est portée devant la juridiction administrative. Toutefois, lorsque c'est un contribuable qui, à ses frais et risques, suit une action au nom de la commune, même devant cette juridiction, il doit s'être auparavant pourvu de l'autorisation (20 avril 1854 : *Jean*; 31 mai 1862 : *Commune de Garons*).

129.— Une commune et une section de commune ne peuvent donc jamais ester en justice, sans y être préalablement autorisées par décision du Conseil de préfecture; et, ce qui est plus, l'autorisation doit être renouvelée à mesure que le litige s'élève devant une juridiction supérieure. Il n'est pas absolument nécessaire que l'autorisation soit antérieure aux premières poursuites; elle intervient valablement durant le cours de l'instance.

Le contribuable, qui s'ingère dans les actions de la commune, a besoin, ainsi que nous l'avons déjà vu, de l'autorisation, attendu que la sentence ensuite rendue produit effet à l'égard de cette commune.

130.— On conserve le droit de se pourvoir au Conseil d'Etat contre le refus d'autorisation du Conseil de préfecture; mais ce refus est toujours confirmé :

1o Lorsque l'intérêt n'est pas suffisamment démontré (1er février 1862 : *Commune d'Arthez d'Asson*; 9 mai 1863 : *Commune de Cluis*);

2o Lorsque les chances de succès ne se trouvent pas assez bien établies (1er février 1862 : *Commune de Cornier*; 25 octobre 1862 : *Commune de Coulitz*; 17 novembre 1862 : *Commune de Coinces*; 25 avril 1863 : *Commune de Saint-Pierre d'Excideuil*; 30 avril 1864: *Commune de Ruffec).*

Le Conseil d'Etat rejette impitoyablement le pourvoi contre un arrêté de Conseil de préfecture refusant autorisation, s'il n'est pas formé dans le délai légal (28 février 1863 : *Commune de Liancourt;* 7 novembre 1864 : *Commune da Commenailles).*

131.— Quant à la personne qui a l'intention d'intenter une action contre une commune ou une section de commune, il est indispensable qu'elle commence par adresser au Préfet un *Mémoire* qui, en exposant ses griefs, interrompra, en outre, toute prescription. Puis, cette pièce, transmise au Maire, est placée sous les yeux du Conseil municipal dont la délibération à ce sujet est envoyée aussitôt au Conseil de préfecture qui statue à son tour, dans le délai de deux mois, sur la demande d'autorisation.

L'arrêté du Conseil de préfecture portant refus d'autorisation doit être essentiellement motivé ; et on peut se pourvoir ensuite au Conseil d'Etat contre ce refus.

132.— En ce qui concerne les *actions possessoires, les actes conservatoires et interruptifs de déchéances,* le Maire n'a nul besoin d'être autorisé. « L'action possessoire est une mesure conservatoire, enseigne M. Curasson, qui doit être traitée sommairement, et le législateur a voulu dispenser d'autorisation les affaires de cette nature. Nous en trouvons la preuve dans l'article 63 relatif aux états de recettes communales, que le Préfet peut rendre exécutoires pour en poursuivre le recouvrement par voie de contrainte. « Les oppositions sont jugées comme affaires sommaires et la commune peut y défendre sans y être autorisée du Conseil de préfecture. » Le texte de l'article 55 n'est pas moins positif en ce qui concerne les actions possessoires. « La commune ne pourra défendre à l'action qu'autant qu'elle y aura été expressément autorisée. » Voilà la règle générale ; suit immédiatement l'exception :

« Le Maire peut toutefois, sans autorisation préalable, intenter toute action possessoire, ou y défendre, et faire tous autres actes interruptifs de déchéances. »

Prétendre que ce dernier texte dispense seulement de l'autorisation préalable, que la commune ne doit pas moins être autorisée dans le cours de l'instance; qu'ainsi le juge de paix doit surseoir de prononcer jusqu'à ce que le Conseil de préfecture ait donné l'autorisation; ce serait prêter au législateur une idée aussi absurde que contraire à ses vues. Ce n'est pas le jugement qui a besoin d'être autorisé; l'autorisation n'est requise, en matière ordinaire, qu'afin d'habiliter le Maire à ester en justice, de le rendre capable de défendre à la demande, de la contredire ou d'y acquiescer. » (1)

La dispense d'autorisation, en matière possessoire, est accordée aussi au second degré de juridiction; mais elle n'est pas, selon un avis du Conseil d'État du 18 décembre 1844, étendue au recours en cassation.

Il est une autre exception à la nécessité de l'autorisation écrite dans l'article 63 de la loi du 18 juillet 1837. Elle concerne les recettes municipales pour lesquelles aucun mode particulier de recouvrement n'a été imposé et qui, s'effectuant sur des états dressés par le Maire, doivent, pour devenir exécutoires, obtenir le visa du Sous-Préfet.

S'il y a des oppositions, quand la matière rentre dans le domaine des tribunaux civils, elles sont jugées

(1) *Traité de la Compétence des Juges de paix*, t. II, p. 154.

sommairement, et la commune reste affranchie, pour y défendre, de toute autorisation du Conseil de préfecture.

133. — Les Hospices, les Bureaux de bienfaisance et les Fabriques des églises, sont tenus, comme les communes et les sections de commune, de se munir de l'autorisation du Conseil de Préfecture, pour ester en jugement; et les deux premiers Etablissements (car ce n'est point exigé pour les Fabriques) doivent même produire une consultation signée de trois jurisconsultes, touchant l'action à intenter. (1)

« M. Serrigny déduit d'un arrêté du 9 ventôse an X qu'on doit observer pour les actions à intenter contre les hospices, les bureaux de bienfaisance et les fabriques, les mêmes formalités qu'à l'égard de l'Etat *(Comp. adm.*, t. I., nᵒˢ 443, 449 et 452).

« Mais on pense plus généralement que la remise du mémoire préalable n'est pas obligatoire. » (2)

« Les hospices étant placés sous la surveillance immédiate des municipalités, rapporte M. Allain, participent à tous les priviléges des communes, et doivent dès lors profiter du bénéfice de l'article 55 de la loi du 18 juillet 1837, comme les communes. Cette exception était également commandée pour les hospices comme pour les communes, par la nécessité, pour éviter les prescriptions, les déchéances d'appel. » (3)

(1) Arrêté du 7 messidor an IX ; Loi du 7 août 1851 ; Décret du 30 décembre 1809.

(2) *Curasson, De la Compétence des Juges de paix*, à la note, tome II, page 158.

(3) *Manuel encyclopédique des Juges de paix*, 3ᵐᵉ édition, tome II, Nᵒ 2192.

Il n'est point douteux, en effet, que, quant aux actions possessoires exercées par les administrateurs de ces trois sortes d'établissements, elles ne soient aussi affranchies de la formalité de l'autorisation (17 novembre 1863 : *Fabrique de Saint-Luperce)*.

134. — Les établissements religieux, tels que Séminaires diocésains, Consistoires protestants, israëlites et autres, sont obligés de se pourvoir de l'autorisation auprès du Conseil de préfecture, pour intenter utilement les actions judiciaires. (1)

Quant à certains Établissements d'utilité publique, tels que *Caisses d'épargne, Syndicats, Congrégations religieuses* et autres, il est admis généralement, bien qu'on puisse cependant citer des solutions et opinions contraires, que l'autorisation du Conseil de préfecture ne leur est nullement essentielle pour ester valablement en justice.

Enfin, suivant l'article 1er du décret du 11 thermidor an XII, les receveurs des Établissements de charité ne peuvent « donner main-levée des oppositions formées pour la conservation des droits des pauvres et des hospices, ni consentir aucune radiation, changement ou limitation d'inscriptions hypothécaires, qu'en vertu d'une décision spéciale du Conseil de préfecture. »

Il en est de même des inscriptions prises *au profit des Communes.* Le conservateur ne doit les radier que sur le vu de l'expédition de main-levée et de l'autorisation expresse du Conseil de préfecture.

---

(1) Décret du 6 novembre 1813; Ordon. du 23 mai 1834; Ordon. du 25 mai 1844.

CHAPITRE XIV.

Prérogatives des Conseillers de préfecture.

SOMMAIRE.

135. Fonctions diverses remplies par les Conseillers de préfecture.

136. Ils jouissent du privilége édicté par l'article 75 de la Constitution de frimaire an VIII.

137. Leur mise à la retraite.

138. Ils peuvent être nommés Conseillers de préfecture honoraires.

135.— Dans le cas où le préfet s'absente, soit du département qu'il administre, soit du chef-lieu de sa résidence, il peut déléguer, pour le remplacer, un membre du Conseil de préfecture. (1)

Si le préfet était absent ou empêché et qu'il n'eût pas fait de délégation en vue de son remplacement, ou bien encore s'il venait à décéder, le conseiller de préfecture le plus anciennement nommé serait provisoirement chargé de le suppléer dans ses fonctions d'administrateur. (2)

En cas d'empêchement ou d'absence d'un sous-préfet, le préfet du département a la faculté de désigner un membre du Conseil de préfecture pour pourvoir à son remplacement. (3)

Le plus jeune en fonctions des conseillers de préfec-

(1) Arrêté du 17 nivôse an IX; Ordon. du 29 mars 1821.

(2) Arrêté du 27 pluviôse an X; Ordon. du 29 mars 1821, art. 2.

(3) Ordon. du 29 mars 1821; art. 3.

ture est appelé à remplacer le secrétaire-général,
lorsque ce dernier est absent ou empêché. (1)

A l'exception des départements pourvus d'un secrétaire-général spécial, c'était un membre du Conseil de
préfecture, désigné par M. le Ministre de l'Intérieur,
qui remplissait cette fonction et recevait, à ce titre,
une indemnité égale au quart de son traitement (Ordonnance royale du 1er mai 1832, art 2). Ainsi que
nous l'avons déjà constaté, il a été institué récemment
dans chaque département un secrétaire-général titulaire
(Loi du 21 juin 1865 et décret du 25 octobre suivant).

Un des membres du Conseil de préfecture fait toujours partie du Conseil de révision et, à défaut du préfet, en a par délégation, la présidence. (2)

Si un litige s'élève entre l'État et le département,
tandis que le préfet représente l'État en justice, c'est
le plus ancien en fonctions des conseillers de préfecture qui soutient l'action au nom du département. (3)

Aux termes d'une circulaire émanée du Ministère
des travaux publics, en date du 26 décembre 1840,
c'est un des membres du Conseil de préfecture qui doit
certifier, au lieu de témoins, dans un contrat administratif, l'identité de l'une des parties qui y aurait pris
part et qui ne saurait signer.

136. — Les conseillers de préfecture jouissent de la
garantie dite *garantie des fonctionnaires publics*. Ils
sont assurément compris parmi les agents du Gouver-

(1) Ordon. du 29 mars 1821, art. 4.
(2) Loi du 21 mars 1832, art. 15.
(3) Loi du 10 mai 1838, art. 36.

nement qui ne peuvent être poursuivis, en vertu de l'article 75 de la Constitution du 22 frimaire an VIII, pour des faits relatifs à leurs fonctions, qu'après autorisation du Conseil d'Etat.

137. — Conformément au décret du 1er mars 1852, qui organise la mise à la retraite des magistrats de l'ordre judiciaire et qui a été appliqué depuis, par extension, aux agents supérieurs du ministère des finances, M. le Ministre de l'intérieur et de la sûreté générale (1) a adressé à l'Empereur, le 1er mai 1858, un rapport dans lequel, après avoir avancé que les devoirs multiples des préfets, sous-préfets, secrétaires-généraux et conseillers de préfecture lui paraissent solliciter une mesure identique à l'égard de ces derniers fonctionnaires, sans toutefois que la limite d'âge soit uniforme pour tous, il s'exprime de la sorte, en terminant : « Les fonctionnaires administratifs étant amovibles, je ne crois pas nécessaire de proposer à votre Majesté de décider la question de principe par décret impérial. Je lui demanderai seulement de vouloir bien m'autoriser à provoquer à l'avenir le remplacement d'office des préfets, sous-préfets, secrétaires-généraux et conseillers de préfecture qui auront atteint les limites d'âge ci-dessus. Cette mesure appliquée indistinctement aurait l'avantage d'assurer le service sans froisser d'honorables susceptibilités. » (2) Et M. le Ministre demande que les conseillers de préfecture, dont les attributions sont principalement sédentaires, soient assimilés aux

---

(1) M. le général Espinasse.
(2) *Bulletin officiel du Ministère de l'Intérieur*, année 1858, page 80.

membres des cours et tribunaux, dont l'admission d'office à la retraite est prononcée à soixante-dix ans.

138. — Un Ministre qui a beaucoup fait en faveur des Conseils de préfecture, M. le Duc de Persigny, a suscité enfin, par un rapport qui accuse franchement la sympathique sollicitude qu'il daigne porter à MM. les Conseillers de préfecture, un décret de l'Empereur, en date du 15 mars 1854, disposant que le membre d'un Conseil de préfecture qui aura bien mérité dans l'exercice de ses fonctions, pourra être nommé *Conseiller honoraire*, pareillement à ce qui se pratique pour les magistrats composant les cours et tribunaux judiciaires.

Le conseiller qui a été gratifié de ce titre possède, dans les cérémonies publiques, la faculté de se joindre à ses collègues encore en activité et peut, en outre, être invité par le préfet à prendre part aux délibérations du Conseil de préfecture avec voix consultative. (1)

(1) *Bulletin officiel du Ministère de l'Intérieur,* année 1854, page 153.

CHAPITRE XV.

Documents officiels divers.

SOMMAIRE.

139.— *Décret du 30 décembre 1862, portant qu'à l'avenir les audiences des Conseils de préfecture, statuant sur les affaires contentieuses, seront publiques.*

NAPOLÉON,

Par la grâce de Dieu et la volonté nationale, Empereur des Français,

A tous présents et à venir, salut.

Sur le rapport de notre ministre de l'intérieur ;

Vu la loi du 28 pluviôse an VIII;

Vu l'arrêté du 19 fructidor an IX;

Vu le décret du 16 juin 1808;

Avons décrété et décrétons ce qui suit :

Art. 1er. A l'avenir les audiences des Conseils de préfecture, statuant sur les affaires contentieuses, seront publiques.

Art. 2. Après le rapport qui sera fait sur chaque affaire par un des conseillers, les parties pourront présenter leurs observations, soit en personne soit par mandataire.

La décision motivée sera prononcée en audience, après délibéré hors la présence des parties.

Art. 3. Le secrétaire général de la préfecture remplira les fonctions de commissaire du gouvernement.

Il donnera ses conclusions dans les affaires contentieuses.

Les auditeurs au Conseil d'Etat attachés à une préfecture pourront y être chargés des fonctions du ministère public.

Art. 4. En cas d'insuffisance du nombre des membres nécessaires pour délibérer, il y sera pourvu conformément à l'arrêté du 19 fructidor an IX et au décret
du 16 juin 1808.

Art. 5. Il y aura auprès de chaque conseil un secrétaire greffier nommé par le préfet et choisi parmi les
employés de la préfecture.

Art. 6. Les comptes des receveurs des communes
et des établissements de bienfaisance ne seront pas
jugés en séance publique.

Art. 7. Notre ministre de l'intérieur est chargé de
l'exécution du présent décret.....

140. — *Décret du 2 novembre 1864, relatif à la procédure
devant le Conseil d'Etat en matière contentieuse et aux règles
à suivre par les ministres dans les affaires contentieuses.*

NAPOLÉON, etc.

Vu les décrets des 11 juin et 22 juillet 1806 ;

Vu l'ordonnance du 18 janvier 1826;

Notre Conseil d'Etat entendu,

Avons décrété et décrétons ce qui suit :

Art. 1er. Seront jugés sans autres frais que les droits
de timbre et d'enregistrement :

Les recours portés devant le Conseil d'Etat, en vertu de la loi des 7-14 octobre 1790, contre les actes

des autorités administratives, pour incompétence ou excès de pouvoirs ;

Les recours contre les décisions portant refus de liquidation ou contre les liquidations de pension.

Le pourvoi peut être formé sans l'intervention d'un avocat au Conseil d'Etat, en se conformant, d'ailleurs, aux prescriptions de l'article 1er du décret du 22 juillet 1806.

Art. 2. Les articles 130 et 131 du Code de procédure civile sont applicables dans les contestations où l'administration agit comme représentant le domaine de l'Etat et dans celles qui sont relatives soit aux marchés de fournitures, soit à l'exécution des travaux publics, aux cas prévus par l'article 4 de la loi du 28 pluviôse an VIII.

Art. 3. Les ordonnances de soit communiqué rendues sur des pourvois au Conseil d'Etat doivent être notifiées dans le délai de deux mois, sous peine de déchéance.

Art. 4. Doivent être formés dans le même délai :

L'opposition aux décisions rendues par défaut, autorisée par l'article 29 du décret du 22 juillet 1806 ;

Les recours autorisés par l'article 32 du même décret et par l'article 20 du décret du 30 janvier 1852.

Art. 5. Les ministres font délivrer aux parties intéressées qui le demandent un récépissé constatant la date de la réception et de l'enregistrement au ministère de leur réclamation.

Art. 6. Les ministres statuent par des décisions spéciales sur les affaires qui peuvent être l'objet d'un recours par la voie contentieuse.

Ces décisions sont notifiées administrativement aux parties intéressées.

Art. 7. Lorsque les ministres statuent sur des recours contre les décisions d'autorités qui leur sont subordonnées, leur décision doit intervenir dans le délai de quatre mois à dater de la réception de la réclamation au ministère. Si des pièces sont produites ultérieurement par le réclamant, le délai ne court qu'à dater de la réception de ces pièces.

Après l'expiration de ce délai, s'il n'est intervenu aucune décision, les parties peuvent considérer leur réclamation comme rejetée et se pourvoir devant le Conseil d'Etat.

Art. 8. Lorsque les ministres sont appelés à produire des défenses ou à présenter des observations sur des pourvois introduits devant le Conseil d'Etat, la section du contentieux fixe, eu égard aux circonstances de l'affaire, les délais dans lesquels les réponses et observations doivent être produites.

Art. 9. Nos ministres, chacun en ce qui le concerne, sont chargés de l'exécution du présent décret.....

141.— *Loi du 21 juin 1865 relative aux Conseils de préfecture.*

Art. 1er. Le Conseil de préfecture est composé de huit membres y compris le président dans le département de la Seine, de quatre membres dans les départements suivants :

Aisne, Bouches-du-Rhône, Calvados, Charente-Inférieure, Côtes-du-Nord, Dordogne, Eure, Finistère, Gard, Haute-Garonne, Gironde, Hérault, Ille-et-Vilaine, Isère, Loire, Loire-Inférieure, Maine-et-Loire, Manche, Meurthe, Morbihan, Moselle, Nord, Orne, Pas-de-Calais, Puy-de-Dôme, Bas-Rhin, Rhône, Saône-et-Loire, Seine-Inférieure, Seine-et-Oise, Somme, et de trois membres dans les autres départements.

Art. 2. Nul ne peut être nommé conseiller de préfecture s'il n'est âgé de vingt-cinq ans accomplis, s'il n'est, en outre, licencié en droit, ou s'il n'a rempli, pendant dix ans au moins, des fonctions rétribuées dans l'ordre administratif ou judiciaire, ou bien s'il n'a été, pendant le même espace de temps, membre d'un Conseil général ou Maire.

Art. 3. Les fonctions de conseiller de préfecture sont incompatibles avec un autre emploi public et avec l'exercice d'une profession.

Art. 4. Chaque année, un décret de l'Empereur désigne, pour chaque département, celui de la Seine excepté, un conseiller de préfecture qui devra présider le conseil en cas d'absence ou d'empêchement du préfet.

Art. 5. Il y a, dans chaque préfecture, un secrétaire général titulaire.

Il remplit les fonctions de commissaire du Gouvernement; il donne ses conclusions dans les affaires contentieuses.

Les auditeurs au Conseil d'Etat attachés à une préfecture peuvent y être chargés des fonctions du ministère public.

Art. 6. En cas d'insuffisance du nombre des membres nécessaires pour délibérer, il y est pourvu conformément à l'arrêté du 19 fructidor an IX et au décret du 16 juin 1808.

Art. 7. Il y a, auprès de chaque conseil, un secrétaire greffier, nommé par le préfet et choisi parmi les employés de la préfecture.

Art. 8. Les séances des Conseils de préfecture sta-

11

tuant sur les affaires contentieuses sont publiques.

Art. 9. Après le rapport qui est fait sur chaque affaire par un des conseillers, les parties peuvent présenter leurs observations, soit en personne, soit par mandataire.

La décision motivée est prononcée en audience, après délibéré hors la présence des parties.

Art. 10. Les comptes des receveurs des communes et des établissements de bienfaisance ne sont pas jugés en séance publique.

Art. 11. A l'avenir, seront portées devant le Conseil de préfecture toutes les affaires contentieuses dont le jugement est attribué au préfet en Conseil de préfecture, sauf recours au Conseil d'Etat.

Art. 12. Le recours au Conseil d'Etat, contre les arrêtés des Conseils de préfecture relatifs aux contraventions dont la répression leur est confiée par la loi, peut avoir lieu par simple mémoire, déposé au secrétariat général de la préfecture ou à la sous-préfecture et sans l'intervention d'un avocat au Conseil d'Etat.

Il est délivré au déposant récépissé du mémoire, qui doit être transmis immédiatement, par le préfet, au secrétariat général du Conseil d'Etat.

Art. 13. Sont applicables aux Conseils de préfecture les dispositions de l'article 85 et des articles 88 et suivants du titre v du Code de procédure civile, et celles de l'article 1036 du même Code.

Art. 14. Un règlement d'administration publique déterminera provisoirement :

1o Les délais et les formes dans lesquels les arrêtés contradictoires ou non contradictoires des Conseils de préfecture peuvent être attaqués ;

2o Les règles de la procédure à suivre devant les Conseils de préfecture, notamment pour les enquêtes, les expertises et les visites de lieux ;

3o Ce qui concerne les dépens.

Il sera statué par une loi dans un délai de cinq ans.

142.—*Décret du 12 juillet 1865, concernant le mode de procéder devant les Conseils de préfecture.*

NAPOLÉON, etc.

Sur le rapport de notre ministre secrétaire d'Etat au département de l'intérieur ;

Vu la loi du 28 pluviôse an VIII, l'arrêté du gouvernement en date du 19 fructidor an IX, et notre décret en date 30 décembre 1862 ;

Notre Conseil d'Etat entendu,

Avons décrété et décrétons ce qui suit :

Art. 1er. Les requêtes et mémoires introductifs d'instance et, en général, toutes les pièces concernant les affaires sur lesquelles le Conseil de préfecture est appelé à statuer par la voie contentieuse, doivent être déposés au greffe du conseil.

Ces pièces sont inscrites, à leur arrivée, sur le registre d'ordre qui doit être tenu par le secrétaire-greffier; elles sont, en outre, marquées d'un timbre qui indique la date de l'arrivée.

Art. 2. Immédiatement après l'enregistrement des requêtes et mémoires introductifs d'instance, le préfet ou le conseiller qui le remplace désigne un rapporteur auquel le dossier de l'affaire est transmis dans les vingt-quatre heures.

Art. 3. Le rapporteur est chargé, sous l'autorité du Conseil de préfecture, de diriger l'instruction de l'affaire il propose les mesures et les actes d'instruction.

Avant tout, il doit vérifier si les pièces dont la production est nécessaire pour le jugement de l'affaire sont jointes au dossier.

Art. 4. Sur la proposition du rapporteur, le Conseil depréfecture règle les communications à faire aux parties intéressées, soit des requêtes et mémoires introductifs d'instance, soit des réponses à ces requêtes et mémoires.

Il fixe, eu égard aux circonstances de l'affaire, le délai qui est accordé aux parties pour prendre communication des pièces et fournir leurs défenses ou réponses.

Art. 5. Les décisions prises par le conseil pour l'instruction des affaires dans les cas prévus par l'article précédent sont notifiées aux parties dans la forme administrative.

Il est donné récépissé de cette notification.

A défaut de récépissé, il est dressé procès-verbal de la notification par l'agent qui l'a faite.

Le récépissé ou le procès-verbal est transmis immédiatement au greffe du Conseil de préfecture.

Art. 6. Lorsque les parties sont appelées à fournir des défenses sur les requêtes ou mémoires introductifs d'instance, comme il est dit en l'article 4 ci-dessus, ou à fournir des observations en vertu de l'article 29 de la loi du 21 avril 1832, elles doivent être invitées en même temps à faire connaître si elles entendent user du droit de présenter des observations orales à la séance publique où l'affaire sera portée pour être jugée.

Art. 7. La communication aux parties se fait au greffe sans déplacement des pièces.

Art. 8. Lorsqu'il s'agit de contraventions, il est procédé comme il suit, à moins qu'il n'ait été établi d'autres règles par la loi.

Dans les cinq jours qui suivent la rédaction d'un procès-verbal de contravention et son affirmation, quand elle est exigée, le sous-préfet fait faire au contrevenant notification de la copie du procès-verbal ainsi que de l'affirmation, avec citation devant le Conseil de préfecture.

La notification et la citation sont faites dans la forme administrative.

La citation doit indiquer au contrevenant qu'il est tenu de fournir ses défenses écrites dans le délai de quinzaine, à partir de la notification qui lui est faite, et l'inviter à faire connaître s'il entend user du droit de présenter des observations orales

Il est dressé acte de la notification et de la citation. Cet acte doit être envoyé immédiatement au sous-préfet ; il est adressé par lui, sans délai, au préfet, pour être transmis au Conseil de préfecture et y être enregistré comme il est dit en l'article 1er.

Lorsque le rapporteur a été désigné, s'il reconnaît que les formalités prescrites dans les troisième et quatrième alineas du présent article n'ont pas été remplies, il en réfère au conseil pour assurer l'accomplissement de ces formalités.

Art. 9. Lorsque l'affaire est en état de recevoir une décision, le rapporteur prépare le rapport et le projet de décision.

Art. 10. Le dossier, avec le rapport et le projet de décision, est remis au secrétaire-greffier, qui le transmet immédiatement au commissaire du Gouvernement.

Art. 11. Le rôle de chaque séance publique est arrêté par le préfet ou par le conseiller qui le remplace, sur la proposition du commissaire du Gouvernement.

Art. 12. Toute partie qui a fait connaître l'intention de présenter des observations orales doit être avertie, par lettre non affranchie, à son domicile ou à celui de son mandataire ou défenseur, lorsqu'elle en a désigné un, du jour où l'affaire sera appelée en séance publique. Cet avertissement sera donné quatre jours au moins avant la séance.

Art. 13. Les arrêtés pris par les Conseils de préfecture dans les affaires contentieuses mentionnent qu'il a été statué en séance publique.

Ils contiennent les noms et conclusions des parties, le vu des pièces principales et des dispositions législatives dont ils font l'application.

Mention y est faite que le commissaire du Gouvernement a été entendu.

Ils sont motivés.

Les noms des membres qui ont concouru à la décision y sont mentionnés.

La minute est signée par le président, le rapporteur et le secrétaire-greffier.

Art. 14. La minute des décisions des Conseils de préfecture est conservée au greffe, pour chaque affaire,

avec la correspondance et les pièces relatives à l'instruction. Les pièces qui appartiennent aux parties leur
sont remises sur récépissé, à moins que le Conseil de
préfecture n'ait ordonné que quelques-unes de ces pièces resteraient annexées à sa décision.

Art. 15. L'expédition des décisions est délivrée aux
parties intéressées par le secrétaire général.

Le préfet fait transmettre aux administrations publiques expédition des décisions dont l'exécution rentre
dans leurs attributions.

Art. 16. Les décisions des Conseils de préfecture
doivent être transcrites, par ordre de date, sur un registre dont la tenue et la garde sont confiées au secrétaire-greffier. Tous les trois mois, le président du conseil s'assure que ce registre est à jour.

Art. 17. Lorsque la section du contentieux du Conseil
d'Etat pense qu'il est nécessaire, pour l'instruction
d'une affaire dont l'examen lui est soumis, de se faire
représenter des pièces qui sont déposées au greffe d'un
Conseil de préfecture, le président de la section fait la
demande de ces pièces au préfet.

Le secrétaire de la section adresse au secrétaire-
greffier récépissé des pièces communiquées ; il sera fait
renvoi du récépissé, lorsque les pièces auront été réta-
blies au greffe du Conseil de préfecture.

Art. 18. Notre ministre secrétaire d'Etat au département de l'intérieur est chargé de l'exécution du présent décret.

ERRATA.

Page 88, à la note deuxième, au lieu de « loi du 21 juin 1895 », lire : loi du 21 juin 1865.

Page 94, ligne 4, au lieu de « le tribun Daunon », lire : le tribun Daunou.

Page 95, ligne 9, au lieu de « pense M. Broglie », lire : pense M. de Broglie.

Page 101, ligne 3, au lieu de « le vœu de tous, en effet, souhaite ardemment », lire : le vœu de tous, en effet, réclame ardemment.

Page 101, au Sommaire, au lieu de « réputation de cette critique », lire : réfutation de cette critique.

Page 106, ligne 28, au lieu de « contre Dufour et Dinglin », lire : contre Dufour et Dinghin.

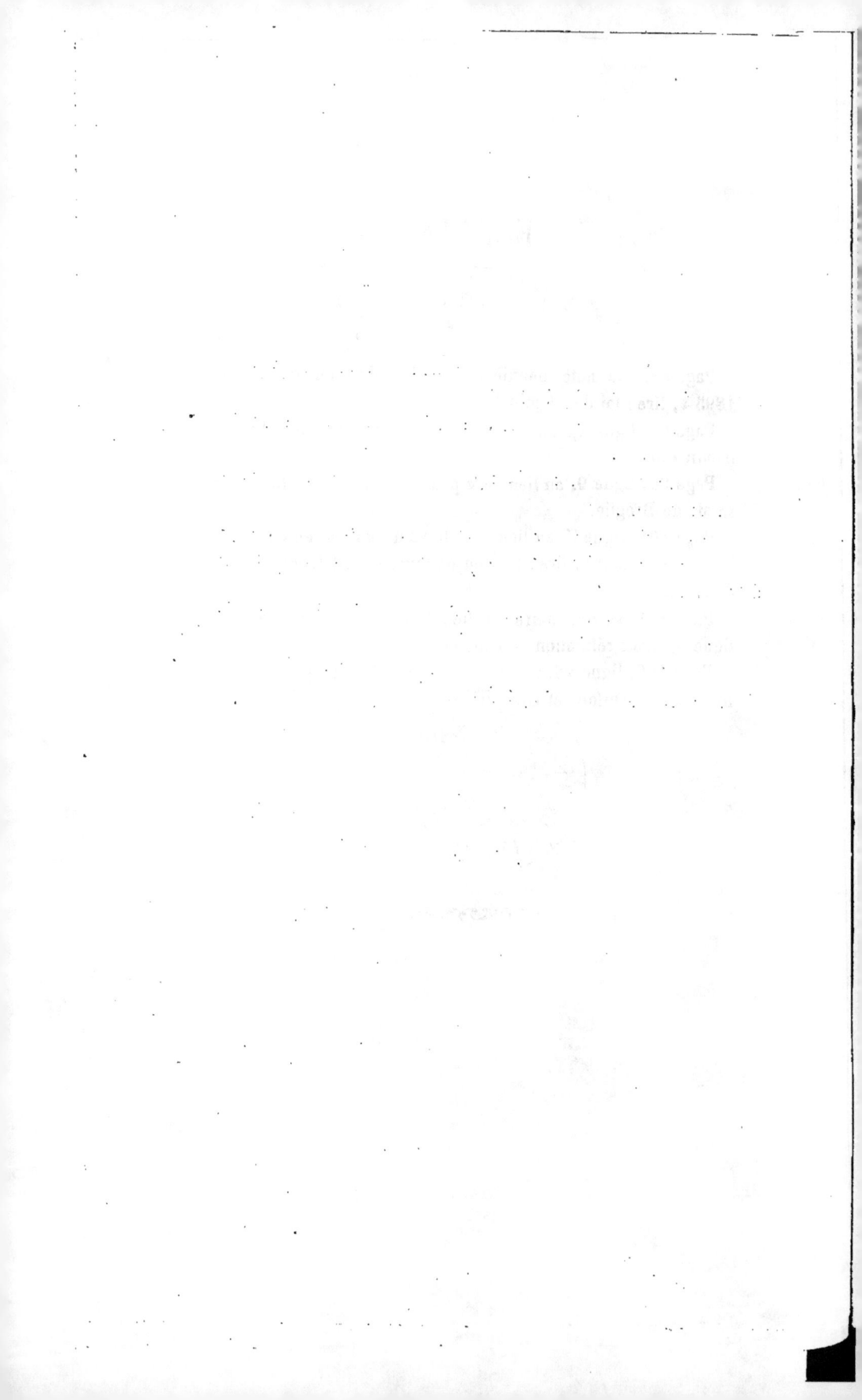

TABLE DES MATIÈRES.

— 171 —

lement revêtues ni de *l'intitulé*, ni du *visa* ni du *mandement*. —
40. Exception en ce qui concerne les arrêtés des Conseils de
préfecture — 41. Les arrêts du Conseil d'Etat sont rendus dans
la forme des décrets impériaux. 51.

Paragraphe III.

*Les Décisions administratives contentieuses emportent
hypothèque et contrainte par corps.*

Sommaire.— 42. Les décisions administratives contentieuses
produisent les mêmes effets que les jugements des tribunaux judiciaires.—43. Les contraintes décernées par l'administration des
Douanes et des Contributions indirectes entraînent hypothèque — 44. Il n'en est pas de même de celles décernées par la
régie de l'Enregistrement. 52

Paragraphe IV.

*Les Tribunaux administratifs connaissent de l'exécution
de leurs Décisions.*

Sommaire.— 45. Les juges du contentieux administratif connaissent de l'exécution de leurs arrêtés. 54.

Paragraphe V.

*Les Décisions administratives sont provisoirement exécutoires
nonobstant appel.*

Sommaire.— 46. Le recours contre les décisions administratives contentieuses n'est pas suspensif.— 47. Privilége de l'Administration. 48. Condamnation de l'Etat aux dépens d'une
instance.— 49. Le Conseil d'Etat seul a la faculté d'accorder
un sursis aux justiciables — 50. Sollicitude du Conseil d'Etat
pour les intérêts des particuliers. 55.

CHAPITRE VIII.

Du Tribunal de droit commun en matière administrative.

Sommaire — 51. Quel est le tribunal ordinaire du contentieux
de l'Administration ? 62.

Paragraphe 1er.

*Système de ceux qui soutiennent que les Conseils de préfecture
sont juges ordinaires du contentieux administratif.*

Sommaire.— 52. Intention du Législateur de l'an VIII.— 53.
Décret du 6 décembre 1813. 63.

Paragraphe II.

Réfutation de ce Système.

Sommaire — 54. Le but du projet de loi de l'an VIII a été
manqué. — 55. L'autorité du décret de 1813 est, en ce cas, fort

Paragraphe III.

De la présidence du Conseil de préfecture en cas d'absence ou d'empêchement du Préfet.

Sommaire.— 96. Autrefois le remplaçant du Préfet présidait, comme lui, le Conseil de préfecture — 97. A défaut de délégation, le plus anciennement nommé des conseillers avait la présidence.—98. Aujourd'hui l'Empereur désigne annuellement le conseiller qui présidera, en l'absence du Préfet.— 99. C'est l'un ou l'autre seulement de ces deux fonctionnaires qui possède la faculté d'exercer la présidence.   111.

Paragraphe IV.

De la création d'un Greffe auprès des Conseils de préfecture.

Sommaire — 100. Le Secrétaire-greffier est nommé par le Préfet.— 101. Il est chargé de la conservation et de l'expédition des arrêtés du Conseil de préfecture.— 102. Nécessité reconnue d'un greffe auprès de ces conseils.   114.

Paragraphe V.

Exception au principe de la Publicité des séances des Conseils de préfecture.

Sommaire.— 103. Les audiences consacrées aux affaires relatives à la Comptabilité ne sont pas publiques.— 104. Motif de cette exception.— 105. Y a-t-il opportunité à ce qu'elle soit étendue aux matières de Contributions directes ? — 106. Il ne le semble nullement.— 107. Il serait peut-être même préférable qu'il n'existât aucune exception au principe général de la publicité.— 108. Il y aurait convenance à accorder le débat oral au Comptable qui en réclame le bénéfice.   115.

Paragraphe VI.

Extension de la compétence des Conseils de préfecture.

Sommaire.— 109. Les arrêtés pris par le Préfet en Conseil de préfecture sont de pures décisions préfectorales.— 110. Rectification d'erreurs commises en 1809 et en 1816.—111. La connaissance des matières contentieuses de la compétence du préfet en Conseil de préfecture est renvoyée devant ce conseil lui-même. — 112. Rejet de l'amendement de M. Josseau.— 113. Il aurait cependant dû être pris en considération.—114. Peut-être se décidera-t-on bientôt à y faire droit.   119.

Paragraphe VII.

Du recours au Conseil d'Etat.

Sommaire.—115. Les Conseils de préfecture sont à la fois juges du contentieux et juges de répression.— 116. Faculté de recourir au Conseil d'Etat, en matière de contraventions, sans le ministère d'un avocat.— 117. Importance du Récépissé à délivrer par les Employés des préfectures et sous-préfectures à la personne qui dépose le mémoire constitutif d'un pourvoi. 125.

CHAPITRE XII.

Attributions consultatives des Conseils de préfecture.

CHAPITRE XIII.

Attributions délibératives des Conseils de préfecture.

— 176 —

CHAPITRE XIV.

Prérogatives des Conseillers de préfecture.

CHAPITRE XV.

APPENDICE

Documents officiels divers.

www.ingramcontent.com/pod-product-compliance
Lightning Source LLC
Chambersburg PA
CBHW060547210326
41519CB00014B/3383